한자

DIE HANSE

이 역서는 2008년도 정부재원(교육과학기술부 학술연구조성사업비)으로
한국연구재단의 지원을 받아 연구되었음(NRF-2008-361-B00001)

한자

초판 1쇄 발행   2012년 6월 30일

지은이   롤프 하멜-키조
옮긴이   박민수·조현천
펴낸이   윤관백
펴낸곳

등록   제5-77호(1998.11.4)
주소   서울시 마포구 마포동 324-1 곳마루빌딩 1층
전화   02)718-6252 / 6257
팩스   02)718-6253
E-mail   sunin72@chol.com
Homepage   suninpub.co.kr

정가 · 10,000원
ISBN   978-89-5933-555-8   93900

· 저자와 협의에 의해 인지를 생략합니다.
· 잘못된 책은 바꿔 드립니다.

한자

롤프 하멜-키조 지음

박민수·조현천 옮김

DIE HANSE
Copyright ⓒ Verlag C.H.Beck oHG, München 2008
All rights reserved.

Korean Translation Copyright ⓒ 2012 by Sunin Publishing
Korean edition is published by arrangement with Verlag C.H.Beck oHG
through Imprima Korea Agency.

이 책의 한국어판 저적권은 Imprima Korea Agency를 통해 Verlag C.H.Beck oHG와의
독점계약으로 도서출판 선인에 있습니다.
저작권법에 의해 한국 내에서 보호를 받는 저작물이므로 무단전재와 무단복제를 금합니다.

발간사

해항도시와 해역의 관점에서 본 한자

　한자는 저지 독일 상인들과 도시들이 동맹법규에 근거해서 조직한 상대적으로 개방적인 이해 공동체였다. 12세기에서 17세기까지 약 500년간 지속된 한자는 14세기 말 이후 상인들이 시민권을 갖고 있는 70개의 대도시와 100~130개의 중소도시들의 조직이 되었다. 해항도시와 해항도시들의 네트워크를 중점적으로 연구하는 국제해양문제연구소가 '한자'에 주목하는 것은 한자의 핵심이 해항도시seaport city들의 네트워크라고 보기 때문이다. 그렇다면 해항도시란 무엇인가?

　지금의 관점에서 보면 역설적이지만, 도시는 농경의 도입과 더불어 형성되기 시작했다. 수렵과 채집을 위주로 하던 이동 사회에서는 군집의 규모가 제한될 수밖에 없었기 때문이다. 본격적으로 농경이 도입되기 시작한 기원전 8000년경에 건축학이 탄생하게 된 것도 이런 맥락에서 이해할 수 있다. 농업생산력의 증대, 정주규모의 비약적인 확대와 더불어 도시에는 다양한 기능을 가진 건물들이 들어섰다. 신에게 제물을 바치기 위한 신전, 지배계급의 거주지이면서 행정·경제의 중심지인 궁전, 농산물을 저장하기 위한 창고, 노동 후 사람들의 휴식과 재충전을 위한 목욕탕과 광장, 외부 침입에 대비한 방어벽이 등장한다.

그러나 도시에 인구가 집중되면서, 도시는 식량과 같은 필수품을 확보하는 것은 물론 사치품 수요를 충족시키기 위해서도 주변의 농촌뿐 아니라 다른 도시들과의 교역과 교환에 의지하지 않을 수 없었다. 사람, 상품, 문화의 소통이 왕성한 도시는 큰 강이나 바다를 끼고 발달했다. 이리하여 우리는 농촌과 구별되는 도시와 경계를 초월하는 도시의 이미지를 그릴 수 있게 된다.

경계를 초월하는 도시는 사람, 상품, 문화의 교류가 왕성하게 발생한 공간이면서, 국제주의적 성격으로 인해 문화적 배타성이나 (원)민족주의로부터 상대적으로 자유로운 공간이고, 문화의 충돌과 갈등도 있었지만 그것을 극복한 경험이 축적된 잡종성hybridity을 특징으로 하는 공간이다. 육역세계의 큰 강이나 산맥과 산이 자연적 경계였다면 해역세계의 바다 역시 자연적 경계였다. 그렇다면 육역과 해역세계의 경계, 즉 강과 산맥, 사막 그리고 바다를 넘어 사람과 상품 및 문화의 소통이 왕성했던 육역세계의 세계도시와 해역세계의 해항도시는 경계를 초월하는 도시였다.

획일적으로 단언하기는 힘들지만 경계를 초월하는 도시의 특징은 바다로 열려 있던 해항도시에서 더욱 두드러진다. 경계를 달리하는 사람, 상품, 문화의 교류가 육상보다는 해상에서 더 왕성했기 때문이다. 바다로 열려 있기에 교류성, 국제성, 잡종성을 특징으로 지니는 도시는 그 입지가 바다든 강이든 상관없이 해항도시로 분류될 수 있다.

사람과 상품의 교류 때문에 해항도시에는 항만시설을 비롯한 사회기반이 조성되었으며 이곳을 중심으로 해항도시는 국제성과 잡종성을 누적시켜왔다. 물론 이처럼 사회기반이 조성되었던 곳은 근대 이후 도시의 규모가 확장됨에 따라 구도심으로 전락하거나 세계질서의 변화에 따라 흔적조차 찾을 수 없는 경우도 생긴다. 교류성, 국제성, 잡종성의 세 요소는 유기적으로 연동되었으며, 해항도시는 이러한 관계성 때문에 다른 해항도시와 그 네트워크가 구성하는 해역의 역사적 상황과 연동되어 운명을 같이 한다.

국제해양문제연구소가 인문한국사업으로 진행 중인 해항도시 문화교섭 연구는 국가와 민족이라는 분석 단위를 넘어서, 해항도시가 구성하는 해역이라는 일정한 공간을 상정하고 그 해역에서의 문화 생성, 전파, 접촉, 변용에 주목하면서 문화교섭의 총체적 양상을 복안적이고 종합적인 견지에서 해명하고자 하는 시도이다. 역자들이 롤프 하멜-키조의 『한자』에 주목한 것도, 따지고 보면 이 책이 해항도시 문화교섭 연구의 관점에서 한자를 읽어낼 수 있는 단서를 제공하기 때문이라 생각한다.

한자의 교역범위는 발트해와 북해를 포괄하였으며, 한자에 속한 도시들 중에서 해항도시들이 그 정치적 경제적 중요성을 지속적으로 증대시켜나갔다. 왜 그렇게 되었는가? 한자의 생명은 바다 건너 도시에서 특권과 상관을 획득하는 해상교역에 있었기 때문이다. 한자의 도시 네트워크에서는 국경을 초월한 해항도시 간의 네트워크가 주축이 되었고, 각 해항도시들은 내륙 도시들과 육로를 통해 연결되었다. 한자의 해항도시에는 하적의무와 해역 전체에 통용되는 상품검사체제가 도입되었고, 해상운송과 육상운송을 위한 사회기반과 이를 연결하는 사회기반이 조성되었다.

한자가 지속된 12세에서 17세기까지 약 500년 동안 유럽의 정치 경제체제는 지속적으로 변화했다. 이 책은 한자의 해항도시들이 이 속에서 유연하게 자신들의 목표를 추구해 갔던 과정을 추적하고 있다. 우리는 한자의 해항도시들과 이 도시들이 구성하는 해역을 분석단위로 하여 한자를 새롭게 읽어내고, 나아가 해항도시 문화교섭 연구를 심화시키는 과정에서 이 책이 도움이 되길 기대해 본다.

2012년 5월 8일
국제해양문제연구소장 정문수

한국어판 서문

중세 한자는 저지독일 상인들의 교역조직으로 유럽 전역을 활동무대로 삼았으며, 그리하여 유럽 여러 지역의 성장에도 기여했다. 그렇지만 한자는 간접적으로나마 중세와 근대 초기의 세계 교역에도 연결되어 있었다. 그럴 것이 한자가 중개한 물품 중에는 비단길의 다양한 루트로 건너와서 러시아의 노브고로트나 흑해 또는 홍해를 거치고 베니스와 제노바를 거쳐 수입된 극동의 재화들도 적지 않았기 때문이다. 간접적이긴 하지만 전통 깊은 이러한 관계를 염두에 둘 때, 나는 '나의' 이 작은 한자 역사서가 한국어로 출간되고 이를 통해 한국의 독자들에게 이 교역조직에 관해 알릴 수 있게 된 점을 기쁘게 생각하지 않을 수 없다. 끝으로 번역에 힘써 주신 박민수 선생님과 조현천 선생님께 각별한 감사의 마음을 전한다.

2012년 3월
롤프 하멜-키조

목차

발간사 ▎5
한국어판 서문 ▎9

Ⅰ. 머리말

1. 한자는 무엇이었나?   17
2. 한자 역사 연구의 새로운 경향들   21
    한자의 법제에 대한 물음 ▎22
    개별 지역 혹은 한자의 부분 공간 ▎23
    인물사적 연구경향 ▎25
    내부 관점과 외부 관점 ▎26
    후기 한자 ▎27
    한자의 교역사와 경제사 ▎28

Ⅱ. 한자는 어떻게 생성되었나?

1. 세 가지 기본 요인   33
2. '한자'라는 단어와 개념   40
3. 한자 교역 체제의 형성   41
    키비타스 루베케 ▎41
    고틀란드, 노브고로트, 리가 ▎45
    초기한자의 교역 체제 ▎48

동방이주, 기사단 국가, 스칸디나비아 국가들 ▮50

서유럽 ▮53

4. 초기한자 상인들과 그 조직형태   55

초기한자 상인들 ▮55

저지독일 상인들의 원격지 교역단과 상인 조합 ▮62

외국의 정주지 ▮68

저지독일 상인들의 합의체 구성 ▮70

5. 변화의 요인들   71

'상업혁명' ▮71

원거리 상인들의 의회 진출 ▮73

상인 조합의 보호세력인 도시 ▮74

뤼베크 대 비스비 ▮76

경제 구조의 변화 ▮79

6. 14세기의 상인 합의체와 도시 합의체   83

상관 공동체의 형성 ▮83

플랑드르와의 갈등과 독일 한자의 탄생 ▮86

III. 한자는 어떻게 조직되었나?

1. 한자의 법제   91

원격지 교역단에서 시의회 대표단 총회로의 발전 ▮91

한자·저지독일 도시들의 법제 ▮93

한자 총회 ▮95

합의 형성 과정 ▮97

행위 공동체로서의 한자 합의체 ▮99

'수장'과 '수장들': 한자에tj 뤼베크의 지위 ▮101

실행력 있는 법제의 추구 ▮103

'특권 한자'와 '뤼베크 한자' ▮106

토호페자테 ▮108

도시 내 소요의 해결 ▮110

한자의 영도 집단 ▎112
　　　요약 ▎114
　2. 한자의 교역 조직　　　　　　　　　　　　　　　　　115
　　　집단 교역, 비더레궁, 젠데베 ▎115
　　　네트워크와 '신제도경제학' ▎118
　　　새로운 유형의 회사 ▎119
　　　비현금 지불 거래 ▎121
　　　부텐한자 교역 회사 ▎122
　　　객상의 권리 ▎123
　　　교역 봉쇄와 전쟁 ▎125

IV. 몰락인가 이행인가? – 한자 해체의 이유들

　1. 유럽 경제 구조의 변화　　　　　　　　　　　　　　128
　　　유럽 경제 구조의 변화와 15세기 초 시작된 한자 교역 체제의 와해 ▎128
　　　16세기의 경제적 상황 ▎135
　　　한자 교역 체제에서의 변화? ▎137
　2. 정치적 상황: 속령화와 법치화　　　　　　　　　　　140
　　　한자도시들이 누린 상대적 자치권의 위기 ▎140
　　　16세기: 개혁과 동맹록 ▎144
　3. 외국의 상황　　　　　　　　　　　　　　　　　　　148
　　　상관과 외교 ▎148
　　　한자와 유럽 열강 ▎149
　4. 한자와 베스트팔렌 조약　　　　　　　　　　　　　152

후기　▎155
참고문헌　▎156
찾아보기　▎167

I. 머리말

한자는 오늘날 독일인들에 의해 아주 긍정적으로 평가되는 현상이다. 특히 북부독일에 소재한 수많은 기업이나 회사들은 상호를 '한자Hanse'나 '한자의hansisch'라는 수식어로 장식하고 있는데, 이는 한자라는 개념이 신용과 신뢰, 상업적 정직성 등을 상징하고 있음을 보여준다.[1]

동구권이 붕괴된 이후로는 과거 한자에 속했던 북동부 유럽의 도시들, 예컨대 그단스크(단치히)[2]나 엘블롱크(엘빙),[3] 리가,[4] 탈린(레발)[5] 등의 기

---

[1] 원주) 형용사 'hanseatisch'는 'hansisch'와 동일한 의미를 가지며 중세후기의 상황과 관련되어 빈번히 사용된다. 하지만 엄격히 따지면 이 형용사는 한자의 '마지막' 세 도시였던 뤼베크와 함부르크, 브레멘에만 결부되며 18세기 이후의 이 도시들의 역사와 관련되어 사용된다.
[2] 그단스크는 현재 폴란드 중북부의 도시이며, 단치히는 독일식 명칭이다.

업들 중에서도 'Hanse', 'hansisch', 'hanseatisch'이라는 수식어를 사용하는 경우가 점점 늘어나고 있다. 그리고 1990년대 초 이후 발트해 연안국가들 사이 및 이 국가들과 여타 유럽국가들 사이에서 강화되고 있는 교류현상은 물론 유럽연합의 활동 또한 흔히 한자라는 이름과 결부되곤 한다. 'Hanse', 'hansisch', 'hanseatisch'라는 말이 긍정적 의미를 갖게 된 것은 20세기에야 나타난 현상은 아니다. 한자는 정치적–이데올로기적으로 다양하게 해석되었음에도 불구하고(혹은 바로 그 때문에) 19세기 말 이후 현재까지 부단히 선전매체로 이용되어 왔다. 우선 한자는 북부에 위치한 신성로마제국 대리인이자 독일민족국가의 전신으로 해석된 바 있다. 다음으로 빌헬름 2세[6] 시대에 한자는 독일 함대의 위용을 선전하는 데 이용되었으며, 제3제국 시절에는 독일민족의 생활공간을 동쪽으로 확장한 주체로 선전되었다. 그리고 제2차 세계대전이 끝난 후에는—180도 선회하여—동독의 역사서술에서 볼 수 있듯 "역사를 만들어가는 민중의 역할"이나 역사가 지닌 계급투쟁의 성격을 전형적으로 보여주는 사례로 해석되거나 서방세계의 이해에 따라 유럽연합의 전신으로 홍보되었다. 한자의 이러한 이데올로기적 전유는 모두가 거의 동일한 사료에 근거한 것이었으며, 여기에서 우리는 그때그때 부각되는 정치적 측면이 어떤 것인지를 확인하게 될 뿐 아니라 역사란 확정된 것이 아니라 역사가에 의해 '만들어진다'는 점 또한 재인하게 된다.

한자에 관해서는 긍정적 이미지뿐 아니라 사회비판적 이미지도 존재했(으며 아직도 어느 정도는 존재하고 있)다. 한자의 사회비판적 이미지는

---

3 엘블롱크는 현재 폴란드 북부의 도시이며, 엘빙은 독일식 명칭이다.
4 리가는 현재 라트비아의 수도이다.
5 탈린은 에스토니아의 수도이며, 레발은 독일식 명칭이다.
6 독일의 황제(1859~1941).

19세기 말 이후 한자를 소재로 한 문학작품에서, 특히 청소년을 대상으로 한 작품에서 점점 더 민족적 파토스를 대신해나갔다. 거상들의 착취에 맞선 '리케델러'[7](약탈물을 균등하게 분배하는 해적)의 싸움에서 해적들, 특히 클라우스 슈퇴르테베커Claus Störtebeker[8]는 억압받은 민중을 위해 복수하는 인물로 그려지며, 그와 대조적으로 한자는 악을 구현한다. 1930년대까지 한자의 사회비판적 이미지는 상당히 대중적 인기를 누렸다. 그 대표적 사례 중의 하나는 의심의 여지없이 위르겐 불렌베버[9]를 소재로 한 연극이었는데, 1927년 베를린 민중극장에서 초연된 이 연극은 엠 벨크[10]의 소설 『고틀란드를 덮친 악천후Gewitter über Gotland』를 에르빈 피스카토르[11]가 개작한 것이다. 그러나 학계의 역사서술에서는 1945년까지 이런 경향이 거의 발견되지 않았다. 그리고 한자와 관련된 동독의 역사서술은—기묘하게도 당의 공식노선과 대립되어—예컨대 위르겐 불렌베버의 이른바 혁명적 투쟁과정에서는 '민중 계층'의 참여와 역할이 지극히 미미했다는 인식을 고수했다(그러나 이런 인식 역시 당에 의해—경우를 달리하여—지시되는 사회비판적 내지 계급투쟁적 경향의 한 양상이었다).

독일 국민들이 한자 수용의 이 두 가지 양태 중 어느 것에 더 공감하는지는 분명하게 말할 수 없다. 그렇지만 공공연하게 드러난 입장에 근거한

---

7 저지독일어 단어인 '리케델러(Likedeeler)'는 현대 독일어로 'Gleichteiler', 즉 '균등하게 분배하는 자'를 뜻했다.
8 Calus Störtebeker(1360경~1401): 리케델러의 우두머리 중 하나였던 인물.
9 Jürgen Wullenwever(1488경~1537): 함부르크 출생인 그는 상인으로 성공을 거두었고, 1525년 뤼베크로 이주하여 연설가로 명성을 얻은 후 뤼베크 시민이 아니었음에도 불구하고 시장(1533~1535)에 올랐다.
10 Ehm Welk(1884~1966): 독일의 저널리스트이자 작가, 대학교수이며 유명한 베를린 민중극장의 창설자 중 한 사람.
11 Erwin Piscator(1893~1966): 독일의 유명한 연극연출가.

다면 긍정적 이미지가 우세한데, 이는 분명 전체 유럽에 산재한 과거의 한자도시들이 관광객 유치를 목적으로 '한자'를 광고해 온 사실과도 무관하지 않다. 외국에서의 한자 수용 양태는—충분히 납득할 수 있겠지만—긍정 혹은 부정의 일색으로 그려지지 않는다. 스칸디나비아 국가들에서는 과거 한자 상인들이 자국민을 약탈했다는 부정적 시각이 오랫동안 지배적이었던 반면(특히 제2차 세계대전 이후의 시기), 발트해 연안 국가들에서는—대개 상류층에 국한된 관점이긴 하지만—한자에 대해 긍정적 입장이 견지되었다. 학술적 연구에서는—몇 가지 세부적 사안을 제외한다면—독일과 스칸디나비아 역사가들의 입장이 서로 접근하는데, 특히 노르웨이에서 한자가 수행한 역할에 관해서 그렇다.

그렇지만 오늘날 대중화된 한자상은 19세기와 20세기 초에 형성되어 시민이 알아야 할 교양의 일부로서 여러 세대에 걸쳐 중고생과 대학생들에게 각인된 역사상에 여전히 상당 부분 근거하고 있다. 이러한 한자상은 3개의 돛대와 상갑판을 갖춘 15세기 코그선의 그림과 짝을 이루기도 하는데, 이런 그림은 인상적이기는 하지만 사실에 부합하는 것은 아니다(코그선은 돛대가 하나뿐인 선박이었으며 14~15세기 전환기에 홀크선으로 대체되었다). 또한 한자는 독일민족의 신성로마제국이 쇠퇴할 무렵 북유럽에서 독일민족의 이익을 강력하게 대변했으나 회원도시들의 이기주의로 인해 결국 몰락의 길을 걸었다는 통념이나, 한자는 아메리카 대륙의 발견 내지 쇼넨[12] 근해에서 청어 떼의 소멸로 인해—이 두 가지 이유로 발트해 교역의 중요성이 사라졌기에—몰락했다는 통념에서도 전통적이고 대중화된 한자상이 표현된다.

---

12 스웨덴의 비옥한 남부지역으로 독일식 명칭은 '쇼넨', 스웨덴식 명칭은 '스코네'이다.

1970년대 이후로는 이러한 전승된 이미지에 중세 한자의 국제성이라는 관념이 섞여든다. 하지만 이런 관념은 오늘날 유럽의 국가적·인종적 분류를 중세후기에 투사하고 그에 따라 벨기에(디난트)와 네덜란드(캄펜, 츠볼레), 독일, 스웨덴(비스비, 스톡홀름), 폴란드(단치히/그단스크,[13] 엘빙/엘블롱크), 러시아(쾨니히스베르크/칼리닌그라드), 라트비아(리가) 그리고 에스토니아(레발/탈린, 도르파트/타르투)의 도시들을 한자의 회원도시들로 간주함으로써 획득된 관념이다(〈지도 1〉 참조). 그렇지만 동유럽은 인종적으로 변화가 많았던 거주 지역이었으며, 따라서 저지독일 원거리상인들이 살았다는 사실만을 근거로 이들 도시가 한자 회원도시였다고 확신하는 것은 더 이상 가능하지 않다(디난트는 유일한 예외이다). 당시 상인들의 한자 가입을 좌우하는 결정적 기준이 된 것은 선천적 종류의 권리였다. 말하자면 타고난 권리에 따라서 회원가입 여부가 결정된 것이다. 즉 독일인 부모에게서 태어나 독일법에 따라 사는 것은 물론 상인의 직업을 익혀 자립적인 외국교역 자격을 획득한 사람만이 한자에 가입할 수 있었다. 요컨대 한자는 19세기와 20세기의 민족주의와는 아직 아무런 관계가 없었으며 중세적 삶의 원리적 범주로서의―인종과 결부된―법과 관계가 있었다.

1. 한자는 무엇이었나?

이렇게 해서 우리는 이미 한자라는 현상을 둘러싼 학문적 논쟁의 한가운데에 있게 되었다. 그러나 이제 15세기 전반기의 현상 양태를 근거로 해서 한자에 대한 정의를 시도해 보자. 한자는 한편으로 저지독일 출신 원거

---

[13] 이하 괄호 안의 도시명에서 '/' 앞의 것은 독일식 명칭이다.

리상인들의 조직이었으며, 다른 한편으로 이들 상인들이 시민권을 갖고 있던 약 70개 대도시와 100~130개의 중소도시들의 조직이었다. 그렇지만 한자 상인들 중에는 도시 거주자가 아닌 사람들도 있었다. 한자라는 조직은 첫째로 교역을 통한 경제적 이익을 추구했지만—이것이 바로 한자 생성의 근거였다—, 둘째로 14세기 말 이후로는 도시들이 주축이 되어 점점 더 귀족의 통치권에 맞서 상호 지원을 위해 노력했다. 한자의 특징은 2가지 이중성에 있었는 바, 즉 한자는 교역을 통해 경제적 이윤을 추구하는 조직체이자 정치적 조직체였고, 상인들의 조직체이자 도시들의 조직체였다.

한자 상인들이 거주했거나 한자도시들이 위치했던 공간은 서부의 조이데르 해[14]에서 동부의 에스토니아와 리보니아까지, 그리고 북부의 비스비(14세기에는 스톡홀름)에서 남부의 쾰른-에어푸르트-브레슬라우-크라카우 선까지 이르렀다(〈지도 1〉 참조). 그렇지만 이 공간에 있는 모든 도시들이 한자도시였던 것은 아니다. 북부독일의 도시들 중에서는 킬을 제외한 슐레스비히 홀슈타인 주의 모든 도시와 엠덴 그리고 슈베린 정도가 한자도시이며, 동부에서는 예컨대 메멜(클라이페다)[15]과 비보르크,[16] 나르바[17] 정도가—이들 도시에서도 저지독일 상인들은 시민권을 갖고 있었다—한자에 속했다.

상인조직인 한자와 그 전신들은 12세기 중엽부터 17세기 말까지 500년

---

[14] 오늘날 네덜란드 북서부의 바다로 독일식 명칭은 주이더 해이다.
[15] 오늘날 리투아니아의 항구도시로 독일식 명칭은 메멜이고 리투아니아식 명칭은 클라이페다이다.
[16] 러시아 레닌그라드 주에 있는 항구도시.
[17] 오늘날 에스토니아에 있는 도시.

이 넘는 기간 동안 교역을 통한 최대한의 이윤 획득이라는 목표를 추구했다. 우선 13~14세기에 이들 조직은 동쪽의 북서 러시아에서 서쪽의 북부 프랑스와 플랑드르 및 잉글랜드에 이르는 유럽 북부 지역에서 활동했다. 이 교역의 기본구조는 동부와 북부의 사치품과 원자재, 반제품 그리고 생필품을 서부와 남부의 수공업 완제품과 교환하는 것이었다. 14세기 후반 이후로 서부와 남서부 행 교역은 프랑스의 대서양 연안을 거쳐 포르투갈과 스페인까지 이르렀고 16세기 이후에는 역시 해로를 통해 이탈리아까지 연장되었으며, 북부로는 아이슬란드까지, 동부로는 모스크바까지 확장되었다. 한자는 프랑스 북부—나중에는 스페인—와 서북부 러시아 사이의 공간에서 교역특허장을 획득했다. 요컨대 한자의 실질적 교역은 북유럽에서 이뤄졌으며, 이러한 교역은 외국에 있는 교역 정주지들과 연계되어 수행되었다.

한자 상인들은 개별적으로 남부와 교역관계를 맺었지만, 조직으로서의 한자는 이 지역에서 활동하지 않았다. 남부와의 교역은 14세기에서 16세기 초까지 아주 활발했으며 육로를 통해 흑해 연안과 이탈리아까지 이르렀지만 16세기 중엽 이후로 급속히 쇠퇴한 듯하다.

한자 상인들의 가장 중요한 정주지(상관)는 러시아 북서부의 노보고로드와 노르웨이의 베르겐, 플랑드르의 브뤼주, 잉글랜드의 런던에 있었다. 이들 정주지의 위치는 북해와 발트해 사이의 동서 및 서동 교역의 특징을 잘 보여준다. 동서 및 서동 교역은 처음에 뤼베크와 벤드지방[18]의 여타 한

---

[18] 벤드는 모든 슬라브 종족을 가리키는 옛 독일어 단어이다. 오늘날 독일 한가운데로 흐르는 엘베강 동부에는 7세기부터 여러 슬라브 부족이 몰려와 살았으며, 이들을 벤드 족이라 통칭했다. 후일 이들은 게르만족으로 포섭되거나 다시 동부로 쫓겨났다.

자도시들(과거 슬라브족, 즉 벤드족의 정주지였던 곳에 위치한 도시들)을 경유하는 불편한 경로(해로와 육로)를 통해 이뤄졌으며, 나중에는 이 도시들을 경유하는 길과 해협을 통한 직항로가 동시에 이용되었다. 이러한 교역은 15세기에 이르기까지 한자의 경제적 중추를 형성했다. 그렇지만 네 곳의 대규모 상관 외에도 러시아에서 포르투갈에 이르는 지역에 수많은 소규모 정주지들이 있었다(〈지도 1〉 참조). 이러한 정주지들은 한자 상인들이 특정한 권리를 갖고서 정주했던 장소였지만 모두가 한자도시인 것은 아니었다. 교역의 법적 근거는 한자 상인들이 체재국에서 획득한 특허장이었는 바, 이를 통해 한자 상인들은 경쟁 상인들에 비해 (상대적으로) 안정된 법적 장치와 경제적 이권을 유지할 수 있었다. 지속적으로 변화하는 경제적·국가적 상황에서 이런 특허장을 획득하기 위한 투쟁이야말로 12세기 중엽부터 17세기에 이르기까지 초기한자 및 한자의 정치적 관건이었다.

한자에 속한 도시들은 지극히 다양한 종류의 제후들의 지배 아래 있었다. 뤼베크와 도르트문트, 고슬라르 그리고 튀링엔 지역의 노르트하우젠과 뮐하우젠은 (한자 시대 말기에는 일시적으로 헤르포르트 또한) 제국 직속 자유도시로서 왕의 명령만을 따랐으며, 1475년부터는 쾰른도 마찬가지였다(하지만 쾰른은 제국에 세금을 내지 않으려고 특허장을 시 기록보관소에서 없애버렸다). 브레멘은 1741년에야 자유도시로서 법적 지위를 획득했고, 함부르크는 1618년 제국에 의해 자유도시로 인정받았지만 1768년에야 덴마크 왕으로부터 실질적 승인을 얻었다. 그 밖의 모든 도시는 성·속 제후들의 영지에 속했고 아주 다양한 형태로 귀족의 지배를 받았다. 그럼에도 불구하고 이들 도시는 때때로 카르텔과 유사한 조직을 형성할 수 있었으며, 이런 조직은 소수의 극단적 예외상황에서는 심지어 공동으로 전쟁 수행을 결의하기도 했다(물론 한자에 속한 일부 도시들이 힘을 합쳤을 뿐 조직 전체가 가담한 적은 없다).

1150년경부터 1700년경까지 약 500년 동안 유럽의 정치·경제적 체계는 지속적으로 근본적 변화를 겪었고, 한자 상인들은 이런 체계에 속하여 자신들의 목표를 추구했다. 상인과 도시들은 자신들의 교역 구조 및 정치적 조직 구조를 이런 변화무쌍한 조건에 적응시켜야만 성공을 거둘 수 있었다. 따라서 한자 상인과 도시들의 조직형태는 정태적인 것이 아니었고, 그때그때의 법제적·사회적·경제적 구조와 기회가 낳은 산물이자 도시들과 이들 도시가 수행한 원거리 무역의 비중이 가져온 결과였다.

2. 한자 역사연구의 새로운 경향들

아래에서는 한자 역사의 거대한 발전노선들을 다음과 같은 세 가지 핵심물음에 대한 답변을 통해 서술해 보고자 한다. "한자는 어떻게 생겨났나?", "한자는 어떤 방식으로 조직되었나?", "몰락인가 이행인가? 한자 해체의 이유."

먼저 연구현황에 관해 알아보자. 19세기와 20세기 초에 형성된 한자상은 1960년대 이후의 역사연구에서 점차 희미해지고 있다. 그 이유로는 무엇보다 한자 연구가 크게 진전되어 새로운 문제를 다룰 뿐 아니라 낡은 문제에도 새로운 답을 찾을 수 있게 되었다는 점을 들 수 있다. 이렇게 연구가 진전된 것은, 학문적 인식이 확장된 덕분이기도 하지만 1960년대 이전과 비교했을 때 생활환경이 크게 달라진 탓이기도 하다. 유럽 어디서나 관찰할 수 있듯, 시민적·산업적 생활형식이 해체되었으며, 그 결과 과거를 새롭게 이해할 수 있게 되었다. 유럽적 국가체제가 심대한 변화를 겪고(민족국가적 주권의 포기) 경제적 세계화가 진행되고 일상생활에서도 변화가 나타난 결과(사회 구성의 핵심 요소인 가족의 해체), 우리는 빌헬름 치하와 바이마르 공화국 시대에 교양시민들이 가졌던 시각, 즉 오늘날 널리 통용되는 한자상을 생성시킨 시각과는 다른 관점을 갖고서 과거를 바라보게 되었다. 그리하여 오늘날 역사학자들이 재구성하는 한자의 모습은—앞서 언급한 바 있는—강력한 도시 동맹의 이미지와는 아주 거리가 멀다.

 3가지 핵심물음에 대한 답변을 서술하기에 앞서 이하에서는 먼저 법제사와 인물사, 정치사 및 경제사 분야의 연구에서—내 견해로는—가장 중요한 신경향에 관해 간단히 알아보도록 하겠다.

한자의 법제에 대한 물음_ 한자의 법제구조 및 그와 결부된 조직구조는 여러 차례 심대한 변화를 겪었다. 당시 법제는 (오늘날 흔히 지루하게 느껴지곤 하는) 순수하게 법적인 영역에 속하는 것이 아니었다. 어떤 연맹체의 법제는 그 조직의 활동역능을 좌우할 뿐 아니라 그 조직이 외부에 어떻게 수용되는지도 좌우한다. 한자 법제에 관한 연구는, 개별 상인과 한자 조직 사이 및 개별 회원도시와 한자 사이에 형성된 대내 관계를 규명하는 작업뿐 아니라 시의회가 파견한 사절단 및—지금까지 개념으로만 알려졌을 뿐 법제에 근거한 그 기능이 아직 정의되지 않은—'한자의 수뇌들 heren der Hansa'의 기능을 해명하는 작업을 포괄한다. 대외관계에서 한자 법제에 관한 연구는, 한자와 영주 사이의 관계, 즉 한자와 황제 및 제국 사이의 관계 및 한자와 교역 상대국의 왕, 대제후, 대공 등과의 관계를 다룬다.

따라서 핵심적 문제의 하나는, 한자가 위계질서를 갖춘 관할구역들의 동맹이었는가, 아니면 그저 교역을 통해 경제적 실리를 도모했던 이익공동체였는가 하는 물음이다. 전자의 견해는 정치사 및 법제사에 초점을 맞춘 19세기와 20세기 초의 연구에서 지배적이었으며, 이런 견해는 동독의 사적 유물론적 역사연구에서도 재수용되었다(H. Wernicke). 후자의 견해는 뢰리히[19]의 제자인 아하스베어 폰 브란트Ahasver von Brandt에 의해 대표적으로 주장되었는데, 1960년대에 그는 한자 역사연구의 경제사·사회사적 재정립 과정에서 기초를 닦은 스승의 학설을 어느 정도 완결시켰다. 폰 브란트의 주장에 따르면, 한자는 "그때그때 개별 도시 내지 시민들의 이해관계에 실제로 부합하는 경우에만 존재했으며, 사안별로만 법적 집행력을 행사했다." 한자에 대한 이러한 정의는, 1990년대에 이르러 에른스트 피츠Ernst Pitz가 새로이 법제사적 연구방향을 취할 때까지 서독의 한자 역사연구를 규정했다. 피츠의 주장에 따르면, 이미 15세기 이래로 한자를 둘러싼 논쟁들, 특히 근대의 역사연구에서는 한자의 법제가 오로지 로마법, 즉 보통법과만 비교되었다. 그에 비해 피츠는 "사적 성격을 갖거나 지역과 연관된 부분연맹체들과 개인들의" 다단계적 "합의체"를 중세의 그러한 경제·사회적 이익공동체가 목표에 도달하기 위해 활용했던 법제 형식으로 인식하고 있다.

개별지역 혹은 한자의 부분 공간_ 한자의 법제 문제와 관련해서 근

---

19 프리츠 뢰리히(Fritz Rörig, 1882~1952): 독일의 역사학자로 한자를 중세 후기 경제체제의 견인차 중 하나로 해석했으며, 이런 입장은 한자 연구에 지대한 영향을 미쳤다.

본적으로 중요한 것은, 한자 내에서 지역 연맹체들이 가졌던 비중, 예컨대 조이데르 해역, 베스트팔렌, 니더작센, 프로이센, 리보니아 지역에 위치한 도시들 및 개개 도시가 가졌던 비중에 관한 문제이다. 한자를 위계질서를 갖고서 공통의 이해관계로 뭉친 동맹체로 해석한다면, 개별 지역만의 특정한 이익추구는 한자라는 대의에 대한 배반으로 여겨질 수밖에 없을 것이다. 무엇보다 15세기 말 이후의 이른바 한자의 몰락기는 이러한 관점과 평가에 근거한 것이었으며, 이런 견해는 오늘날까지도 존속하고 있다. 하지만 그 시기는 오히려 도시들이 다른 체계, 즉 초기 근대적인 경제적·영토적 체계로 통합되는 이행기로 해석될 수도 있을 것이다. 실은 부분으로서 존재했을 것들을 단적으로 전체로서 규정해 버린 뢰리히의 입론은 중대한 여파를 남겼으며, 그 결과 이 분야에서 한자 역사연구는 수십 년에 걸쳐 개개 지역을 독자적인 개별 연맹체로 이해하지 않고 한자라는 전체의 부분 공간들로 이해하는 입장을 고수해 왔다. 그렇지만 사실 지역적 이해관계나 개별 도시들의 이해관계는 한자 전체의 이해관계보다 더 오래된 것이고 그보다 훨씬 우위에 있었다. 따라서 이른바 트라베 강 중심적 관점, 즉 뤼베크의 입장에서 모든 것을 평가하는 관점—지금까지의 한자상은 이런 관점에 의해 거의 완전히 규정되었다—은 한자를 두 개의 층위로 나눠서 이해하는 새로운 관점에 의해 점점 더 강력하게 대체되고 있다. 이 관점은 하나의 '독일 한자dudesche hense'에 함축된 두 개의 한자를 뚜렷하게 부각시켰으며, 개별 지역들에 훨씬 더 높은 중요성을 부여하고 있다. 이때 두 개의 한자란 외국정주지, 즉 상관을 거점으로 하는 역사가 더 깊고 교역에 중점을 두었던 한자와 뤼베크의 주도 아래 도시들의 느슨한 연맹체를 도시 동맹으로 개조하려 했던 후기의 정치적 한자를 말한다.

개별 도시와 지역들이 한자 내에서 차지했던 위상을 더 이상 (귀납적으로) 전체로서의 한자로부터 도출하지 않고, 그 대신 (연역적으로) 개별 도시와 지역들 자체로부터 밝혀내려 하는 연구에 근거하면—지금까지의 연구결과에 비춰보아서도—약 200개 도시들 사이에서 한자적 정체성과 그 강도라는 것, 즉 한자 회원에게 권세를 부여하고 또 그 권세를 통해 실현되었던 정체성과 강도라는 것은 기존의 한자상에서보다 훨씬 더 약화되어 나타난다(이에 관해서는 나중에 다시 논하겠다). 대체적으로 확인할 수 있는 점은, 해안에서 멀어질수록 한자적 이해관계의 강도가 약화되었다는 사실이다. 바다에 인접한 도시들에서는 한자 교역, 즉 특허장에 근거한 외국과의 교역이 경제적으로 지배적 요인이었던 반면, 예컨대 베스트팔렌이나 니더라인 지역의 내륙도시에서는 한자 교역이 그저 한 가지 경제 부문에 불과했다. 이들 도시에서는 활발한 국내교역이나 수공업 등도 중요한 경제 부문으로서 존재했던 것이다.

인물사적 연구경향 개별 도시들의 경제적 이해관계는 천차만별이었으며, 이런 점은 한자 총회Hansetage의 의결에도 영향을 주었다. 그럴 것이 한자 총회에 사절단으로 파견되어 개별 도시의 입장을 대변했던 시장들과 시의원들은 공동체 전체의 이익도 고려해야 했지만 도시 '상인 조합gemenen kopmans'의 대리인으로도 활동해야 했으며, 따라서 때때로 화합되기 어려운 이중적 기능을 수행해야 했기 때문이다.

한자의 이러한 지도집단과 관련하여 인물사적 연구는 지난 20년 동안 탁월한 성과를 수행했다. 이러한 경향의 연구는 단순하면서도 생산적인 면이 있는 바, 여기서는 "한자의 교역과 정치를 주도했던 인물들 및 이들의 개인적 삶을 근거로 해서 사회적 공통점과 집단적 정체성을 추론하려"(B. Fahlbusch) 시도하고, 이를 통해 한자라는 동맹체의 기능을 해명하려 했다.

내부 관점과 외부 관점_ 이 책에서 부각시키고 싶은 네 번째 연구경향은 한자에 대한 내부 관점 및 외부 관점과 관련된다. 이 연구경향은 한자에 대한 당대의 관념과 관계가 있으며, 따라서 한자의 법제와도 긴밀한 연관성이 있다. 이미 오래 전부터 알려진 사실이지만, 한자에 속했던 도시들의 연대기에서 한자가 언급되는 경우는 지극히 드물다. 즉 중세 말 도시들의 자기이해에서 한자라는 것은 대단한 역할을 하지 않았다. 후일의 독일 역사학자들이 한자에 부여했던 그런 역할은 수행하지 않은 것이다. 새로운 연구결과에서 확인할 수 있듯, 외국에 정주한 한자 상인들도 한자라는 이름과 결부된 적이 거의 없고 '동쪽에서 온 사람들Osterlinge'이나 그와 유사한 명칭으로 불렸다. 그리고 '한자'라는 개념은 14세기 중엽 이후 거의 전적으로 외교문제와 관련해서만 사용되었다. 여기서 분명히 알 수 있듯, 교역의 번창을 모든 노력의 궁극적 목적이자 목표로 설정했던 '한자 교역'은 외국에서 한자와 결부되기보다는 동쪽에서 왔으며 동쪽 고향도시에 연고가 있는 상인들의 교역 활동으로 인지되었다. 따라서 여기서도 도시 및 지역과 결부된 구성요소가 토대를 이루고, 이를 근거로 지역적 총괄 개념인 '동쪽에서 온 사람들'이 생겨났으며, 후일 외교관계에서야 이 개념이 '한자'라는 개념으로 대체 내지 격상된 것이다.

후기 한자_ 더 나아가 지난 20년 사이에는 후기 한자에 대한 관심이 증폭되었다. 예나 지금이나 한자 역사연구에서 커다란 걸림돌은, 한자 총회 의사록과 그 보조문서 같은 핵심적 사료가 1537년까지만 간행되었다는 점이다. 그 결과 종래의 한자 연구는 종교개혁에 이르기까지의 수백 년 동안에만 집중하는 편중성을 나타냈는 바, 이 점은 한자 역사에 관한 모든 서술에서 나타난다. 즉 모든 한자 역사 연구에서는 초기인 14~15세기에 많은 지면이 할애되고 있으며 그 이후부터 1669년까지의 역사는 한꺼번에 다뤄지고 있다. 후기의 시대와 관련해서 한자 역사 연구는 상대적으로 출발 단계에 있는 것이 사실이다. 그러나 아무튼 최근 연구에서는 14세기부터 16세기 초까지 광범위한 자치를 누리던 한자도시들이 국가 영토적 경제·정치 체제로 편입된 현상이 더 이상은 자유의 상실로만 일면적으로 해석되지 않고 있으며 바로 그러한 새로운 체제로의 통합으로 해석되고 있다. 마그데부르크와 뮌스터, 브라운슈바이크 같은 최후의 독립적 자치도시들이 군사력에 의해 강제적으로 굴복되었다는 점은 흔히 대다수 한자도시들이 외적 폭력에 의해서가 아니라—한자의 교역 정책이 그들에게 더 이상 이득을 주지 못했기 때문에—자발적으로 한자에 등을 돌렸다는 사실을 볼 수 없게 만들곤 한다. 물론 이 문제와 관련해서는 아직 할 일이 많이 남아 있다. 왜냐하면 "자발적으로 신하가 되는 길"(O. Mörke)과 군사적 굴종의 길 사이에는 커다란 간격이 있었고, 이런 과정에서 도시 내 사회적 관계, 즉 시의원들과 시민 공동체 사이의 긴장과 알력이 커다란 역할을 했기 때문이다.

한자의 교역사와 경제사 한자의 토대는 교역이었다. 한자라는 개념은 12세기 말 이래로 '원거리 교역 상인 조합'을 지칭했다. 한자 역사의 근본적 실체를 이루는 것은, 우선은 니더라인 지방과 엘베 강 사이에 위치한 도시들 출신의 저지독일 상인들의 조합이었고, 나중에 동방이주를 통해 발트해 지역에 생긴 도시들 출신의 저지독일 상인들의 조합도 여기에 포함되었다. 그렇지만 상인들은 절박하고 급한 심정으로 조합을 결성하려 한 것은 아니었다. 오히려 이런 동맹은 교역을 통해 최대한의 수익을 얻으려는 목표의 결과물이었다. 그렇지만 상인들에 대한 역사적 연구는 20세기에 와서야 비로소 제대로 시작되었다. 프리드리히 코이트겐Friedrich Keutgen과—한자 역사와 관련해서는 특히—프리츠 뢰리히가 중세의 거상 및 원거리 상인의 존재를 '발견'했는데, 이는 중세와 중세 말의 상인을 기껏해야 소상인, 즉 좀 더 나은 규모의 소매상과 방랑상인이라 인식했던 베르너 좀바르트Werner Sombart의 견해에 대립하는 것이었다. 뢰리히와 그의 제자들의 이러한 획기적 연구를 통해 한자의 거상들은 중세 말 상인의 화신이 되었다. 한자 상인의 이런 '명성'은 한스 플라니츠Hans Plannitz의 연구에 의해 더욱 힘을 얻었는데, 그는 특히 북부와 북서부 독일 및 북유럽 사료를 근거로 해서 도시법은 상인법에서 유래했다는 자신의 중심 테제를 수립했다. 그리하여 한자 상인들과 한자 공간 및 북서부 지역의 도시들은 2차 세계대전이 종결된 직후까지 후기 중세 연구의 핵심 대상이 되었다. 그러나 1950년대 말 이후로 스펙트럼에서 변화가 나타났다. 전후 독일에서는 남부 고지독일 도시들의 역사가 점점 더 큰 비중을 얻었고, 한자도시들의 역사는 뒷전으로 물러났다. 이런 변화는 한편으로 거대한 프로이센·프로테스탄트적 북(동)부 독일 지역, 즉 전전에는 정치적, 산업적, 지성적으로 압도적 우위에 있었던 이 지역의 쇠퇴에 기인했다. 다른 한편으로 그런 변화는 빌헬름 시대 이후로 한자 역사가 독일의 열강정책과 긴밀한 관계를 맺고 있었다는 점과 분명 관계가 있었다. 열강정책과의 이러한 결부는 부분적으로 역사학계의 아웃사이더들에 의해 주도되었지만, 부분적으로는 프리츠 뢰리히 같은 역사학자들에 의해서도 수행되었는 바, 그는 총통 전권주의를 옹호하기 위해서 이미 도달된 구조사적 입론들로부터 역사학 방법론을 크게 후퇴시켰다. 뢰리히에 앞서 이미 디트리히 쉐퍼Dietrich Schäfer에게서 그런 경향이 나타났는데, 그는 대학 강단에서 강의되고 학문적 출판물로 발표된 것과 공공집회에서 발언되고 대중적인 정치 출판물로 발표된 것은 구분되어야 한다고 주장했다. 그리고 또한―한자 역사 연구에서는 주변부의 인물이기는 하지만―나치 이데올로기를 맹종했던 함부르크의 역사학자 하인리히 라인케Heinrich Reincke도 그런 경향을 대표했던 인물이다. 그렇지만 1960년대에 이르기까지 전후 독일에서는 대체로 열강정책과 역사의 그러한 연루가 급속한 사고전환의 동기로 작용하지 않았으므로, 그런 경향이 연구관심의 변화를 초래했는지 여부는 분명하게 확인될 수 없다.

독일의 도시사 및 경제사 연구와 관련하여 남부독일이 주도적 역할을 상실하게 된 중요한 이유 중 한 가지는, 발트해 공간의 과거 한자도시들 중 다수가 철의 장막 동쪽에 위치했기에 이들 도시의 기록보관소에 접근하는 것이 불가능하거나 극도로 제한되었다는 점이다. 서독 지역에서 가장 중요한 한자 역사 기록보관소인 한자도시 뤼베크의 기록보관소는 전쟁 중 고문서 전부를 동부의 안전한 장소로 옮겼으며, 이런 고문서 중 한자 역사 연구의 핵심적 사료들은 1987~90년에야 소련과 동독으로부터 반환되었다.

  그밖에도 서유럽과 남유럽의 역사연구에 의해 이탈리아와 스페인 및 북서유럽 상인들과 도시들의 교역 규모가 한자 상인 및 도시들의 교역 규모보다 몇 배나 컸다는 사실이 밝혀졌다. 또한 도시 생성과정에서 상인법이 가졌던 특별한 위상이—여전히 중요한 것으로 인정되긴 하지만—축소되었는 바, 상인법 외에 영주 및 지역과 결부된 법들이 수행한 역할의 중요성이 부각된 것이다. 그 결과—말하자면 이러한 변화의 흐름에 부응하여—1970년대 중반에 이르면 한자는 '혁신상의 후진성innovatorischer Rückstand'이란 비난에 내몰렸다. 한자 지역에서는 광산업과 제련, 금속가공, 무기제조 등의 분야에서 '기술적 혁신에 기초하는 수많은 생업들'이 기술적 답보 상태에 있었으며, 쾰른과 브레슬라우, 브라운슈바이크 같은 도시들을 제외하면 원거리교역 및 수출산업을 추동하는 도시 유형은 없었다는 주장이 제기됐다. 무엇보다도 선진적 금융제도나 신용제도, 은행제도가 없었으며, 자본주의적 조직형태들(복식부기, 규모가 크고 생명이 긴 무역회사, 시장을 지배하는 카르텔이나 독과점 혹은 콘체른)이 전혀 갖춰져 있지 않았음을 확인할 수 있다는 것이었다(W. von Stromer). 그렇지만 이런 주장에 대한 반론이 없지는 않다. 개개의 비난 항목에 대한 구체적 연구들에 의해 예컨대 한자는 신용거래를 적대시하고 고객에게 우호적이 아니었다는 주장이 반박되었고(St. Jenks), 한자가 지녔던 경쟁력의 원인이 분석되었으며(R. Sprandel), 한자 지역의 출판사 및 출판물 거래에 관한 연구를 통해 기업사가 구성되기도 했고(R. Holbach), 한자 지역의 상사들이 연구되거나(A. Cordes), 한자 원거리교역의 네트워크 조직이 연구된 바 있고(S. Selzer, U.

Ewert, C. Jahnke)—이 과정에서 다시금 한자 거상들이 소매업에도 관여했음이 밝혀졌다(C. Jahnke)—또한 한자 교역사에 거래 비용 이론Transaktionskostentheorie[20]이 적용되기도 했다(Jenks). 그리하여 '혁신상의 후진성'이라는 비난이 동기가 되어—오늘날까지도 만족할 만한 해명을 발견하지 못했지만—한자의 경제적 성공과 그 장기적 지속성의 근거가 계속해서 탐구되고 있다. 다음 장에서는 이런 지속적 성공 과정의 몇 가지 주요 단계에 관해 알아보도록 하겠다.

---

20 '거래 비용'이란 거래에 소요되는 전반적 비용, 즉 계약 교섭이나 체결에 소요되는 사전 비용은 물론 계약 이행의 보장을 위한 비용이나 재해 등을 이유로 계약이행에서 어려움이 생길 경우의 조정비용, 분쟁해결 비용 등의 사후 비용을 포괄하며, '거래 비용 이론'이란 시장에서 합리적 행위자들이 그러한 거래비용을 축소하기 위해 위계적 질서를 갖춘 조직을 자발적으로 형성한다는 것을 주요 테제로 한다. 즉 거래 비용 이론은 이익 획득을 위한 자발적 조직화와 참여의 메커니즘을 주요 내용으로 포함한다.

II. 한자는 어떻게 생성되었나?

1. 세 가지 기본 요인

한자 생성의 구조사적 전제가 된 것은 3가지 요인이었다. 첫 번째 요인은 10세기 말~11세기 초 이래로 발트해 공간이 점차 서부유럽 및 중부유럽의 교역망으로 편입되었다는 점이고, 두 번째 요인은 1100년 이래로 가속화된 인구 증가와 경제생활의 비약적 발전으로 인해 교역재화에 대한 수요가 현저하게 증대했다는 점이며, 세 번째 요인은 비농업적 생산과 교역의 중심지로서 도시의 경제적 기능이 강화되고 도시 공동체가 형성되었다는 점이다.

이미 로마제국의 황제시대부터 발트해 공간은 서유럽과 중부유럽 교역망에 편입되어 있었다. 그 후 9세기 후반에 스칸디나비아 상인들이 노예와 모피, 바다코끼리 상아 등을 싣고 러시아의 여러 강을 지나 비잔틴제국 및 칼리프제국과 직접 교역을 하기 시작했으며, 이 직접 교역은 다시 서방에서의 교역이 중요시되기 시작한 11세기로의 전환기에 이를 때까지 약 100년간 지속되었다. (아랄 해[1]의 남쪽 및 남동쪽의) 호라산[2]과 트란스옥사니아[3] 지역을 지배했던 사마니드Samaniden 왕조[4](873~999)가 몰락한 결과로, 혹은 스웨덴과 노르웨이에서 노예무역을 금지하는 크리스트교가 전파된 결과로 스칸디나비아 상인들은 모피와 왁스의 새로운 구매자를 찾아 나설 수밖에 없었다. 이들은 중부와 서부 유럽에서 새로운 구매자를 발견했는데, 이 지역에 풍부하게 매장된 은은 더 이상 접근할 수 없는 이슬람 지역의 귀금속을 대체할 수 있는 재화였다.

북부 '독일 제국regnum Teutoncum'에서의 수요 외에도 북서유럽, 즉 모직산업이 고도로 발달한 프랑스 북부와 플랑드르 지방의 수요로 인해 발트해 남서부 연안과 니더라인 지역 사이에 비교적 긴밀한 교역관계가 형성되었는데, 이 교역은 동쪽에 위치한 작센 및 베스트팔렌 공국에 의해 중개되었다. 덴마크령 슐레스비히로 이어지는 육로는 주로 베스트팔렌과 (니더)작센의 원거리 상인들이 이용했으며, 북해와 아이더 강[5] 및 트레네 강[6]

---

1 오늘날 카자흐스탄과 우즈베키스탄에 걸쳐 있는 커다란 염호.
2 오늘날 이란의 북동부를 중심으로 아프가니스탄과 투르크메니스탄에 걸쳐 있는 지방.
3 중앙아시아의 아무다리야 강과 시르다리야 강 사이에 놓인 지방.
4 서기 819년에서 1005년까지 코라산과 트란스옥사니아 지방을 지배했던 페르시아 종족의 왕조.
5 오늘날 독일의 슐레스비히 홀슈타인 주에 흐르는 강.
6 아이더 강의 지류.

을 경유하는 해로는 11세기~12세기에 니더라인과 프리슬란트[7] 해안지역 출신의 해상들이 이용했다. 후일에야 전승문헌에 의해 명칭이 알려진 조스트[8]의 '슐레스비히 상인Schleswigfahrer'(1161년) 조합과 쾰른의 '덴마크 형제애fraternitas Danica' 조합(덴마크 행 무역상 조합, 1246) 또한 이러한 루트를 사용했다. 그렇지만 육로를 이용하는 상인들은 발트해 남부해안에 있는 서슬라브 정착지의 수많은 해상교역장을 거치기도 했다. 이러한 교역장들에서 가장 중요한 곳 중 하나가 오늘날 뤼베크[9]에서 트라베강 하류 쪽으로 7Km 되는 지점에 위치했던—오보드리테 족[10]이 최초로 세운—구 뤼베크였을 것이다.

저지독일 지역의 원거리 상인들은 발트해 지역의 재화들을 니더라인 지방 너머로까지 가져가지는 않았다. 12~13세기 초에 북서부 유럽으로의 재수출은 대개 플랑드르 상인들에 의해 이뤄졌다. 이들은 플랑드르 지역의 생산품인 모직물과 금속제품을 독일 시장으로 가져갔으며 부분적으로는 러시아까지 운반했다. 이들의 재정능력은 저지독일 상인들을 능가했으며, 따라서 저지독일 상인들은 13세기 전반에야 비로소 타르나 회분, 목재 등의 대량 생산품 및 모피와 왁스 등의 사치품을 구비해서 플랑드르와 프랑스 북부까지 수출무역을 확장시킬 수 있었다. 따라서 교역사의 관점에서 보면, 한자의 발상지는 니더라인과 니더엘베 사이, 좀 더 정확히는 북쪽의 네이메헌[11]—함부르크 라인과 남쪽의 쾰른—마그데부르크[12] 라인 사이의

---

7 네덜란드 북부 해안지방.
8 오늘날 독일의 슐레스비히 홀슈타인 주에 있는 도시.
9 오늘날 독일의 슐레스비히 홀슈타인 주에 있는 항구도시.
10 중세에 엘베강 하류와 발트해 사이 지역에 살았던 슬라브족으로 9세기 초에 오보드리테 독립 공국을 세웠으나 12세 중반 작센 공작 하인리히에게 정복당한 후 크리스트교로 개종하고 독일의 종주권을 인정했다. 이후 오보드리테족은 모두 게르만족으로 편입되었다.

지역이었다.

다음으로 두 번째 요인에 관해 알아보자. (후일의) 독일 한자의 본질적 특징이 형성된 12세기 중엽~13세기 말의 시대는, 19세기 산업화 이전의 유럽사회에서는 경제 성장이 가장 왕성했던 시대였다. 9세기 이후로 유럽 인구는 지속적으로 증가했으며, 11세기 이후에는 당시 상황으로서는 급속하게 증가했다. 1000년과 1300년 사이에 독일 제국의 인구는 대략 400만 명에서 1,160만 명으로 증가했다. 이러한 인구 증가의 원인으로는 여러 가지가 제시되고 있다. 예를 들어 기후조건의 개선과 바이킹 및 헝가리 부족의 침입 종식, 삼포식농법과 같은 농업혁신, 콩과식물 재배의 증가와 이로 인한 단백질 섭취의 개선, 무기를 들고 다니며 불안을 야기하던 귀족들을 십자군 원정 덕분에 유럽 바깥 지역으로 내보낼 수 있었던 점 등이 그것이다. 그렇지만 이런 여러 요인들이 서로 어떻게 연관을 맺었는지는 아직 충분히 밝혀지지 않았다.

인구 증가는 생필품과 원료, 사치품에 대한 수요 증가를 가져왔다. 유럽의 교역망은 더욱 촘촘해졌는데, 이는 무엇보다 도시 및 시장정주지가 생겨나고 이로 인해 농업과 무관한 정주방식이 생겨났기 때문이다. 이러한 곳에는 한편으로 농산물이 별도로 조달되어야 했지만, 다른 한편으로 이런 곳에서 수출용 재화가 생산되었다(물론 이런 재화를 위한 원료는 수입되는 경우가 많았다). 고도로 전문화된 제조업이 발달된 지역은 인구밀도가 아주 높았으며, 따라서 가장 중요한 기본식량인 곡물이 대개 근교에

---

11 오늘날 네덜란드 동부에 있는 도시로 라인 강의 남쪽 지류인 발 강 유역에 있으며 한자의 회원 도시였다.
12 오늘날 독일 중동부 작센-안할트 주에 있는 도시.

서 재배되었고, 흉년이 든 경우에는 상당히 먼 지역에서라도 수입되어야 했다.

이렇게 해서 이미 세 번째 요인도 언급한 셈이다. 즉 11세기의 교역 및 경제 체제에서 도시와 시장정주지는 점점 더 중요한 역할을 수행했다. 재화 생산과 교역의 중심지로서 도시 및 시장정주지가 지녔던 경제적 기능이야말로 후기 중세에—수많은 독일 한자도시들을 포함한—중소도시들로 하여금 경제적 성공과 정치적 영향력 획득으로 나아가게 해주었던—돈으로 주조해 만든—열쇠이다.

이러한 발전과 관련해서 특히 중요한 의미를 갖는 것이 해상교역장이다. 해상교역장은 8세기 이후로 대개는 제후 거주지와 아무 상관없이 해상무역로와 하상 무역로가 연결되는 교통 및 교역 요지에 형성되었다. 그리하여 서쪽의 캉슈 강[13] 근처의 캉토빅(670년경부터 9세기 말까지)에서 동쪽의 발트해 공간, 즉 리가 부근의 다우크말레와 라도가 호[14]의 스타라야 라도가까지 해상교역장이 산재해 있었다. 이러한 해상교역장은 주로 원거리교역에 이용되었으며, 매년 특정 시기가 되면 교역 공간의 모든 곳, 즉 고틀란드와 노르웨이, 잉글랜드, 독일 제국 및 여타 지역의 대상들이 이곳에 모여들었다. 이러한 해상교역 정주지의 위치에서 알 수 있듯, 초기한자와 한자 상인들이 후일 생성시킨 동서 교역은 중세 초기와 전성기의 교역을 긴밀화하고 강화하고 다양화시킨 것일 뿐 본질적으로 새로운 것을 만든 것은 아니었다.

키비타스[15]나 시장정주지와 달리, 대부분의 해상교역장은 11세기 초 이

---

13 프랑스의 불로네와 피카르디 고원 남부에서 잉글랜드해협으로 흘러드는 강.
14 오늘날의 러시아 북서부에 위치한 유럽 최대의 호수.

래 교역 체제가 강화되고 구조변화가 일어나는 동안 몰락했다. 해상교역장이 가졌던 기능은, 다소 거리는 멀지만 교통이 편리한 정주지가 떠맡게 되었고, 이런 정주지가 발전하여 해상교역도시가 되었다. 이러한 변화는 새로운 교통수단이 등장하고—짐 나르는 짐승 대신 사륜 우마차의 활용, 해안을 따라 이동하던 소형 선박 대신 심해로 항해하며 부두를 필요로 하는 선박의 사용—그러한 초기 도시들이 해당 제후령의 경제권으로 점차 편입된 결과였다. 초기도시들은 편입된 지역에서 통치와 교회 및 행정 기능이 집중된 핵심지역이 되었으며, 원거리교역 시장으로서의 기능은 그런 도시가 가진 다양한 기능 중 하나—물론 탁월한 기능이긴 했지만—에 불과했다. 시장으로서의 이런 기능에는 대체로 동전 발행도 포함되는데, 이 도시들은 동전으로 인해서 화폐경제의 중심지가 되었다.

카롤링거 왕조[16] 시대가 끝나갈 무렵까지는 원거리 교역이 주로 유대인과 시리아인, 프리슬란트인, 플랑드르인과 같은 특별한 집단에 의해 수행되었다. 그런데 이제는 그런 집단에 속하는 사람들도 도시에 정주했으며, 토착상인들은 이들과 연대해서 원거리 교역을 시작했다. 이러한 발전 과정에서는 원거리 상인들의 정주지와 제후 관할 주거단지들 사이의 엄격한 위치적 구분 또한 사라지고 다핵 주거단지가 형성되었다.

정주지 중심부에 사는 (직업적으로) 자립적인 주민들은 12세기 후반부터 도시 공동체를 결성하기 시작했다. 법적으로 다양한 지위에 있던 여러 집단들은 11~12세기에 법적으로 동등한 권리를 획득하게 되었는데, 이런

---

15 키비타스(cívitas; 복수는 키비타테스(civitates))는 고대 로마 시대에 생겨난 말로 원래 '시민권'을 뜻했지만 점차 '일정한 자치권을 가진 도시적 공동체'를 뜻하게 되었다.
16 750년~887년.

과정에서 동인이 된 것은 키비타스나 시장정주지의 지역적·경제적 중심이었던 시장이었다. 중세 서약동맹적 코뮌(코니우라티오coniuratio)[17]의 미래지향적인 사회·정치 조직 모델은 플랑드르로부터 제국 북부로 수입되었다. 플랑드르(와 북부 이탈리아)에서는 11세기 말경 서약동맹적 코뮌의 형태로 자치공동체적이며 자율적·자립적인 도시가 생겨났다. 신성로마제국의 저지독일 상인들은 이런 곳에서 자유와 자율적 입법, 자율적 통치를 몸소 경험할 수 있었고 고향도시들에서도 이를 실현시키려 시도했다(G. Dilcher).

도시들에서 수공업 완제품과 농산품 및 원거리 교역품의 생산과 교환에 집중한 결과 도시들로도 이런 경제영역의 이윤이 흘러들어왔다. 귀족계급(왕, 주교, 세속 귀족)이 도시 지배를 유지할 수 있는 한, 이들은 도시 경제의 비약적 발전에서 이득을 얻었다. 그러나 12세기 후반부터 영주들의 자금난을 기회로 시민들의 자치권 운동이 벌어졌으며, 이 과정에서—매년 일정한 목돈을 지불하고, 때로는 심지어 일시불로 지급하는 대가로—개개 도시영주에게 엄청난 수입을 가져다주던 법률이 시민에게 담보로 잡히거나 판매되기도 했다. 그리고 이렇게 되자 종래 영주들의 몫이었던 소득이 도시 금고로 흘러들었으며, 그 결과 도시 공동체의 경제적 중요성이 더욱 확고해졌다. 도시의 이러한 경제적 중요성은 시간이 지날수록 더욱 공고해졌다. 그럴 것이 일정한 권력관계가 수립된 결과 귀족에게 지급하는 목

---

[17] 중세 중기와 후기에 북쪽의 발트 해, 서쪽과 남쪽의 아드리아 해 서쪽에 있는 대부분의 도시들은 지방자치제도를 채택했고, 이런 자치도시들은 하나의 코뮌으로서 형성되었다. 모든 유형의 코뮌에 만족스럽게 들어맞는 정의는 없지만 대부분의 코뮌은 시민들이 서로 보호하고 돕겠다는 서약으로 굳게 결합되어 있는 것이 특징이다. 당시 플랑드르와 이탈리아는 규모와 조직에서 가장 선진적인 산업 및 상업 조직체로서 코뮌을 발전시켰다.

돈의 액수는 늘어나는 경우가 아주 드물었으며, 또 13세기 말 이래로 은화의 가치가 점점 하락했기 때문이다.

2. '한자'라는 단어와 개념

중세 초에 '한자'라는 단어는 '무리'라는 의미로 사용되었고, 이런 의미로는 12세기 이후로 특히 북서부 독일에서 전파되었다. 개념으로서의 '한자'는 우선은 원격지 교역단의 조합원들이 목적지로 삼은 외국 어느 곳에서의 원거리교역을 가리킨다. 다음으로, '한자'는 공동 교역 활동에 가담하는 대가로 지불하는 세금(원래는 영주, 경우에 따라 공국의 왕에게 지불했던 세금)을 뜻했고, 세 번째로 공동 교역 활동에 가담할 수 있는 권리를 뜻했다. 이렇게 해서 인칭적 성격과 법적 성격 및 활동적 성격이—중세에는 흔히 그랬듯—이 한 단어에 함축된다. 한자라는 개념은 공간적으로는 무엇보다 북서부 유럽과 결부되어 있었다. (명칭이 아니라) 내용으로 보면 (조스트의 슐레스비히 상인 조합에 의한) 스칸디나비아와의 교역과 (앞으로 더 자세히 살펴볼 '고틀란드 조합'에 의한) 발트해 교역에서도 동일한 현상이 있었다. 그리하여 상인들 및 도시들의 공동체는 하나의 이름을 얻게 되었는데, 이 이름은 (주로) 북서부 유럽에서 널리 사용되었고—전승된 문헌에 따르면—이 지역으로부터(런던에 정주한 '독일 한자 상인들mercatores de hansa Alemanie'이란 표현이 1282년 처음 등장한다) 발트해 공간으로 확산되었다.

3. 한자 교역 체제의 형성

키비타스 루베케_ 이상에서 거론된 3가지 요인이 강하게 작용한 북부 독일에서는 쥐플링엔부르크 출신의 로타르(1106년에 작센공, 1125년에 독일왕 로타르 3세로 즉위)의 통치시대가 개막되자 발트해 남서부 연안이 독일제국으로 편입되었으며, 이는 '한자' 형성의 결정적 계기가 되었다. 로타르는—아마도 1134년에—당시 발트해 교역에서 가장 중요한 역할을 했던 구튼족[18] 상인들에게 특권을 부여했으며, 이렇게 해서 이들의 교역활동을—슐레스비히와 경쟁하여—슬라브족이 건설한 구 뤼베크 상인 정주지와 연결시키려 한 듯하다. 홀스텐족이 슬라브 계통의 오보드리테 공국의 서부 지역을 정복하고 구 뤼베크를 파괴한 후에 홀슈타인 백작 아돌프 2세는 1143년 오늘날 뤼베크의 구릉지에 이미 위치해 있던 상인 정주지에—현재로서는 정확히 알 수 없는 어떤—권리를 부여했으며, 이 지역을 키비타스, 즉 도시로 승격하고는 '루베케Lubeke'라 명명했다. 이렇게 명명한 것은 "과거 하인리히 사자공이 건설했던 항구 및 중심지로부터 멀리 떨어져 있지 않았기 때문이다."(H. von Bosau)

이렇게 해서 저지독일 상인들의 발트해 지역 진출이 시작되었다. 독일 상인들은 상품 하적항들까지, 부분적으로는 발트해 지역 상품생산자들에게까지 진출함으로써 구매가격을 낮출 수 있었고, 이들이 물품을 조달하는 서부 및 중부 유럽에서 수요가 큰 규모로 부단히 증가하자 당시로서는 유례없는 엄청난 이윤을 획득할 수 있었다. 이렇게 해서 더 많은 양의 은

---

[18] 고틀란드 지역을 중심으로 활동하던 북게르만족 계열의 종족.

과 서유럽의 완제품이 동유럽 제후들 및 귀족들의 수중에 들어갔으며, 그 결과 이들은 다른 집단들보다 유리한 교역상의 특권을 저지독일 상인들에게 부여할 용의를 갖게 되었다. 상인들의 입장에서도 발트해 지역에서 해상교역을 하는 여러 민족들과 경쟁하려면 이런 특권이 필요했다. 그럴 것이 발트해 공간에서는 저지독일 상인들과 앞서 언급한 구튼족 상인들 말고도 슬라브족과 프루지아족, 발트족 그리고 러시아와 스웨덴 상인들이 교역 활동을 벌였기 때문이다. 전승된 문헌에 따르면, 1157년 슐레스비히에 러시아 상품을 실은 배들이 드나들었고, 고틀란드와 구 오보(투르쿠)[19]에는 러시아 상인들에 세운 교회가 있었다.

　새롭게 세워진 도시 뤼베크는 이러한 과정에서 중심적 역할을 수행했다. 뤼베크 건설과 더불어 서부와 중부 유럽에 생성된 전성기 중세 도시의 거주지 유형이 엘베 강을 경유해 발트해 지역으로 전파되었다. 즉 상업과 영리활동에 종사하는 정착민이 자치권을 가진 공동체를 형성하고 고유한 교회도 갖고 있는 그런 항구적 시장 도시 유형이 전파된 것이다. 이런 도시에 정착한 원거리 상인들은 작센의 법률 및 자신들의 고유한 관습에 따라 살 수 있었다. 그리하여 당시까지 제국에서 발전된 자치권과 정착민을 구비한 항구적 거점들이 발트해와 직접 면한 지역들에 최초로 형성되었다. 그리고 독일 제국의 다른 지역 출신들로서 뤼베크를 거쳐 발트해 공간에서 교역 활동을 하는 상인들 또한 이렇게 해서 좀 더 확실한 법적 안정성을 누릴 수 있게 되었다. 교역의 지속성이라는 면에서 과거 슬라브족의 거주지역과 대비되는 이런 근본적 차이가 강조되어야 한다. 이런 지속성

---

[19] 투르쿠는 1812년까지 핀란드의 수도였고 오늘날에는 핀란드 제3의 도시이며 스웨덴식 명칭은 오보이다.

은 과거 슬라브족의 거주지였던 구 뤼베크(리우비케Liubice=루베케Lubeke)
란 명칭을 의도적으로 넘겨받은 사실에서도 표현되었다. 과거 슬라브족
거주지와의 이런 근본적 차이점으로 인해 새로운 뤼베크는 일찍이 육로를
이용했던 저지독일 상인들에게 옛 뤼베크나 슐레스비히보다 훨씬 더 매력
적인 곳으로 여겨졌다.

또 다른 장점은, 베스트팔렌과 (니더)작센 출신 상인들의 입장에서 신도
시 뤼베크를 거쳐 발트해로 가는 길이 슐레스비히를 통과하는 길보다 훨
씬 더 짧다는 점이었다. 이들 상인에게 신도시 뤼베크를 거치는 길은 이제
주교역로가 되었다. 그러나 니더라인과 북해 남부 연안의 상인들은 여전
히 슐레스비히를 경유하는 길을 이용했다. 이들에게는 그 길이 더 유리했
기 때문이다.

세 번째 장점은 소금과 청어에 직접 접근할 수 있는 길이 열렸다는 점이
었다. 뤼네부르크[20]산 소금은 1143년 이전인 카롤링거 왕조 시대부터 슬라
브족과의 제국 국경 교역장이 있던 (뤼네부르크 근처의) 바르도비크를 거
쳐 슬라브족의 영토였던 뤼겐[21]의 청어시장으로 운송되었다. 따라서 신도
시 뤼베크는 기존 교역로의 지류 중 하나를 넘겨받을 수 있었다. 뤼베크를
경유하는 이 교역로는, 12세기 후반 쇼넨 지방의 청어시장들이 번성했을
때 급속도로 중요해졌는데, 그럴 것이 쇼넨 지방의 청어시장은 슐레스비
히에서보다 뤼베크에서 가는 것이 더 수월했기 때문이다. 청어는 인구 증
가와 기독교 사순절 계율 (중세에 사순절 기간은 연중 약 140일) 때문에
지속적으로 수요가 증가한 수출상품이었다.

---

20 독일 니더작센 지방의 도시.
21 발트해의 커다란 섬으로 오늘날은 독일의 영토.

뤼베크는 청어와 소금의 주요 환적장이자 해상으로 실어온 재화를 육로로 옮기는 과정에서 중심적 환적장이 되었고, 역으로 동서교역 중 재화가 남부 및 남서부 유럽으로 흐르는 과정에서 중요한 지점이 되었다. 이미 1143년부터 뤼베크는 그런 요지가 되었는데, 이는 그 이전까지 바르도비크에 정착하여 발트해 교역과 청어 잡이에 관여했던 상인들 중 다수가 더 유리한 입지의 뤼베크로 이주했기 때문이다. 사자공 하인리히는 바르도비크에서의 수입이 줄자 뤼베크 교역에 간섭하기 시작했고 결국 뤼베크를 넘겨받았다. 1159년 사자공 하인리히는 그 사이 화재로 불타버린 주거지역을 새로 건설했다.[22]

1159년은 과거 독일의 한자 연구에서 마법의 해였다. 이 해에 뤼베크가 '건설'(사실은 '재건')되자 갑자기 열린 수문으로 물이 흘러들 듯 독일 상인들이 발트해로 밀려들었던 것이다. 발트해 공간으로는 선망의 대상이었던 서부 물품뿐 아니라 무엇보다 유럽 문화도 전래되었다. 그러나 사자공 하인리히가 이 도시 지배에 나선 것은 이미 약 150년 전에 시작된 과정, 즉 중서부 유럽 교역 체제로의 발트해 공간의 재편입 과정과 결부된 사건이었다. 즉 뤼베크의 부상은 작센공 하인리히의 지배와 더불어 시작된 현상이 아니었으며, 오히려 뤼베크의 중요성이 증대하자 사자공 하인리히가 이 새로운 도시에 관심을 보였던 것이다.

뤼베크의 부상이라는 주제와 관련해서 오늘날에는 두 가지 새로운 측면이 논의되고 있다. 첫째로, 뤼베크를 경유하여 발트해 교역에 참여하게 된 독일 내륙 상인들은 우선은 발트해 연안 토착상인들의 배를 이용할 수밖에 없었다. 초기한자의 상인들은 아직 독자적 선박을 소유하지 못했기 때

---

[22] 뤼베크에서는 1157년 대화재가 일어났다.

문이다. 이런 점을 염두에 두면, 사자공 하인리히가 북부와 동부의 여러 민족에게 자유로운 무역을 위해 뤼베크로 오라고 호소한 배경이 이해가 된다(Helmold von Bosau). 그리고 뤼베크 시의 거대한 도시인장에 코그선이 아니라 스칸디아비아식 선박이 그려져 있는 것도 공동의 교역 항해에 나서던 이 시대와 연관이 있을 것이다(R. Hammel-Kiesow, C. Jahnke). 둘째로, 후일의 한자 교역에서 아주 중요했던 함부르크 행 육로는 13세기 전반에 이르러서야 경제적 중요성을 획득한 듯하다. 13세기 전반에 이르면, 그 전까지 슐레스비히를 경유했던 해로 의존 무역의 상당 부분을 뤼베크와 함부르크가 담당하게 된다(C. 얀케).

고틀란드, 노브고로트, 리가_ 저지독일 상인들이 뤼베크를 거쳐 발트해 공간의 여러 교역 장소로 진출하는 과정에서 최초의 교두보가 된 곳은 고틀란드와 노브고로트 및 리가였다. 전승된 자료에 근거해서는 이러한 교두보 형성과정의 정확한 연대기는 밝혀낼 수 없다. 그 때문에 스웨덴의 한자 연구와 독일의 한자 연구는 몇 가지 세부적 문제에서 아직까지 합의에 이르지 못하고 있다.

고틀란드 섬은 발트해 교역의 중심지였다. 14세기에 이르기까지 상인들은 연안 항해를 선호하고 넓은 바다로의 항해를 가급적 피했기 때문에 고틀란드 섬은 교역 전략상 좋은 입지에 있었다. 이 섬을 거점으로 활동한 구튼족 상인들은 수익성이 좋은 모피와 왁스 등의 러시아교역을 장악했으며, 더욱이 고틀란드 섬 자체가 러시아와 스웨덴, 덴마크 및 점점 더 증대하는 독일 상인들이 몰리는 장소였다. 1161년 이전에 작센 공작령이나 고틀란드에서 고틀란드인과 독일인 사이의 유혈분쟁이 몇 차례 있었지만, 이런 분쟁들은 독일 상인의 수호군주인 사자공 하인리히에 의해 해결되었다(양측은 상대방 지역에 머물 때 동등한 권리를 인정받게 되었다). 그 후 구튼족 상인들과 저지독일 상인들은 공동의 원격지 교역단을 꾸려 약 100년에 걸쳐 (이미 12세기에) 러시아와 (13세기 전반기에) 잉글랜드 그리고 추측컨대 (12세기 말 내지 13세기 초 이후) 노르웨이까지 진출했다.

독일 상인들은 뤼겐 섬 근해의 청어 교역에서와 마찬가지로 고틀란드에서도 기존 교역망에 끼어들었다. 노브고로트[23]에서 이들은 처음에(언제부터인지는 아직까지 불확실하다) 손님자격으로 구튼족 '상관거주지Handelshof'에 머물렀지만 이미 1191~92년에(문서상으로는 1259년에 처음 언급됨) 독자적 상관거주지인 '성 베드로 호프'를 건설할 권리를 얻었다. 그리하여 독일 상인들은—뤼베크가 도시로 승격된 지 약 반세기가 지나자—동방의 가장 중요한 교역 중심지인 노브고로트에서 확고한 기반을 잡았다. 독일 상인들은 이곳에서 모피와 왁스, 아마포 외에 극동지방 재화인 향신료와 중국 및 페르시아산 비단 그리고 약재와 향 등을 구입했다. 그리고 서방에서는 플랑드르의 직물과 비철금속, 특히 은을 구입하여 노브고로트로 가져갔다.

1180년대 이후로 리보니아(대략 오늘날의 에스토니아와 라트비아 지역)에서 시작되는 뒤나 강[24] 교역에 의해 러시아 교역의 두 번째 거점이 형성되었는데, 이 거점은 리보니아 선교활동과 밀접한 관계가 있었다. 이런 목

---

23 오늘날 러시아 북서부에 있는 도시로 볼호프 강과 연결된 일멘 호수 가까이에 있다.
24 오늘날 러시아와 벨라루스, 라트비아를 흐르는 강으로 러시아식 명칭은 서드비나 강, 라트비아식 명칭은 다우가바 강, 독일식 명칭은 뒤나 강이다.

적으로 수행되는 십자군 원정의 참가자들과 보급물품은 모두 뤼베크와 고틀란드를 경유해서 리보니아로 향했다. 그래서 뤼베크라는 도시 및 이 도시 상인들과 선주들의 수송능력 또한 교황의 유럽정책과 관련해서 중요한 관심거리가 되었다. 1201년에는 리가라는 도시가 생겨났는데, 이는—발트해 지역의 거의 모든 곳에서와 마찬가지로—오래된 정착민들의 거주지 근처에 건설된 주교좌이자 대성당 참사회 소재지였다. 1211년에는 많은 상인들이 특권을 얻고서 이 도시에 정착했다. 이렇게 해서 발트해 공간에 두 번째 독일 도시가 건설되었으며, 더욱이 이 도시는 당시 발트해 동부지역 도시들에 전형적이었던 이중적 기능을 지니고 있었다. 즉 리가는 기독교 선교활동을 지원하는 동시에 상인들의 교역 공간 확대에 기여했다. 거의 비슷한 시기에 독일 상인들은 고틀란드의 비스비에 정착하여 독일인 공동체를 형성했다(1288년 이 공동체는 구튼족과 함께 하나의 도시 공동체로 통합되었다). 저지독일 원거리상인들은 뒤나 강을 타고서 폴라츠크와 비체프스크 같은 교역장으로 진출했으며, 1229년 스몰렌스크 영주와 교역협정을 맺은 후(이에 관해서는 아래 참조), 여기에서 출발하여 키예프 및—당시까지 주로 콘스탄티노플과 교역을 했던—러시아 지역들과 교역을 텄다. 이리하여 초기한자 상인들은 노브고로트와 뒤나 교역을 통해 엄청난 양의 동방 사치품을 북서부 유럽의 경제중심지들로 가져갔다(H. W. Haussig).

발트해 남부 연안에서도 유사한 양상이 나타났다. 제국 상인들은 12세기 후반기에 이미 그곳에 정착하기 시작했으며, 이들의 정주지 대부분은 기존 해상교역장 옆에 건설되었으며 곧 이들 교역장을 능가하게 되었다. 여기서도 독일 상인들은 대개는 이미 알고 있었던 지역에서 활동한 셈이었는 바, 그럴 것이 작센 상인들은 이미 10세기부터 이 지역의 해상교역장에서 활동한 것으로 입증되고 있기 때문이다. 이 정주지들은 13세기에야 (1218년 로스토크를 시작으로) 도시법을 갖추게 되었으며, 바로 이런 점이 이들 정주지의 실질적 출발시기를 오해하게 만들었다. 대부분의 정주민들은—뤼베크에서 배를 타고 출발해서—바다를 건너왔다. 그러나 슬라브족이 세운 도시 슈테틴[25]에는 이미 1180년경부터 독일인 정주자들이 더 많았는데, 이들은 육로를 통해 중부독일과 마그데부르크 지역에서 온 사람들이었다.

초기한자의 교역 체제_ 발트해 공간에 새로 건설된 도시의 원거리 상인들은 13세기 초부터 서방의 주요판매지역으로 직접 상품을 가져갔다. 처음에는 잉글랜드가 주요판매지역이었으나, 나중에는—그러나 13세기 중반으로 접어들기 이전에 이미—플랑드르도 포함되었다. 이때 독일 원거리 상인들은 오래 전부터 이들 지역과 교역을 해온 니더라인 및 베스트팔렌 지방 도시들의 상인들과 마주치게 되었다. 처음에는 이들 사이에 마찰이 없지 않았으나, 13세기 중엽부터는 잉글랜드에서 교역 활동을 하던 상인 집단과 플랑드르로 파견된 도시별 대표단들이 협력을 취하기 시작했다. 물론 개별 도시 집단들은 자기 이익을 더 우선시했으며, 이 점은 잉글랜드에서의 상황에서 특히 분명하게 나타난다. 잉글랜드에서는 상인 집단들이 관계를 맺기 시작한 이후로 쾰른 및 니더라인 출신 상인들과 발트해 지역 출신 상인들 사이의 경쟁이 주요한 방향들을 좌우했다. 또한 잉글랜드에

---

25 오늘날 폴란드 북서부에 있는 해항도시로 독일식 명칭은 슈테틴(Stettin)이며 폴란드식 명칭은 슈체친(Szczecin)이다.

서는 교역정주지들이 상대적으로 분명하게 구분되어 있었다. 16세기 초까지 린에서 뉴캐슬까지 이르는 잉글랜드 동해안 교역은, 함부르크를 비롯한 발트해 지역 출신 상인들에 의해 지배되었다. 그에 반해 쾰른과 베스트팔렌 출신 상인들의 교역은 런던의 슈탈호프Stahlhof—1175~76년 이후 문서에서 확인되는 쾰른 상인들의 런던 주재 길드 회관—및 입스위치와 콜체스터 지역에 집중되었다(〈지도 1〉 참조).

이렇게 해서 13세기 초에 초기한자의 교역 체제가 수립되었다. 니더라인과 니더엘베 사이에 위치한 도시들 출신의 원거리상인들은 서방으로, 특히 잉글랜드로 진출했으며, 동방으로는 비스비와 노브고로트, 혹은 뒤나 강을 타고서 스몰렌스크까지 진출했다. 이들 상인은 이런 지역에서 구입한 재화를 고향도시나 니더라인 강변의 정기시에서 팔았다. 발트해 지역에 새로 건설된 도시들의 상인들은 직접 서방의 교역 목적지로 진출했다. 발트해 공간에서 교역로란 곧 해로였다. 그러나 뤼베크에서 서쪽으로 갈 때는—니더라인과 베스트팔렌 지방 상인들의 세력이 강했기 때문에—베스트팔렌을 경유하는 육로가 가장 빈번히 이용되었다. 그렇지만 함부르크에서부터는 점차 해로도 이용되었다. 12세기에서 13세기로의 전환기에 구튼족 상인들이 노르웨이의 베르겐으로 향하고 여기서 다시 잉글랜드 동부로 건너갔다는 것은 입증된 사실인데, 이 교역 여행에 저지독일 상인들도 동참했는지 여부는 분명하지 않다.

13세기가 경과하는 동안 이러한 교역 체제는 더욱 공고해졌다. 이런 과정에서 결정적 요인으로 작용한 것은, 13세기 첫 사반세기 동안 발트해가 덴마크의 지배 아래 놓였다는 점이다. 덴마크의 발데마르 2세가 이전까지 해적들의 무대였던 발트해를 평정했던 것이다. 특히 뤼베크는 1201년부터

1225년까지 덴마크 왕의 지배 아래 있었기에 '발데마르에 의한 평화pax Waldemariana'에서 이득을 보았고 발트해 교역에서의 헤게모니를 계속 강화시켰다. 따라서 도시 뤼베크 및 발트해 남서부 연안의 영토에 대한 덴마크의 지배는 뤼베크의 예속이나 동방 독일인들에 대한 위협이 아니었고, 오히려 평화로운 발트해 공간에서 도시 교역의 지속적 강화를 위한 전제조건이었다.

동방이주, 기사단 국가, 스칸디나비아 국가들_ 바다를 건너 발트해 남부 및 동부 연안으로 이주한 독일 상인들은 기존 정주지들, 대개는 슬라브—스칸디나비아 내지 발트 종족들이 건설한 정주지들 근처에 또 다른 정주지를 건설했는데, 예를 들면 단치히와—노브고로트로 향하는 육로의 배후 지역에 있는—도르파트가 그런 곳이었다. 기존 정주지들은 이미 도시법을 갖추고 있었다(비스마르 1229년, 슈트랄준트 1234년, 그라이프스발트 1250년).

1231년 독일 기사단은 내륙에서 해안으로 향하면서 프로이센 정복 활동을 시작했다(1231년 토른[26] 건설). 1237년 독일 기사단은 해안지역에 이르러 엘빙을 건설하고, 1255년 쾨니히스베르크를 세웠으며 얼마 후 파괴된 이 도시를 1286년 재건했다. 역사문헌에서는 엘빙 건설에 도시 뤼베크가 참여했다는 주장이 마치 자명한 사실인 양 취급되어 왔지만, 사실 이런 주장은 사료에 의해 뒷받침되고 있지 않다. 1255년 쾨니히스베르크가 도시법을 갖추고 도시로 승격되는 것을 필두로 해서 발트해 공간에는 모든 주요

---

26 오늘날 폴란드에 있는 도시로, 폴란드식 명칭은 토루인이며 독일식 명칭은 토른이다.

한 (후일의) 한자도시들이 건설되었다. 이후 도시 외곽 지역으로 내륙 주민들의 이주가 증대했으며, 13세기 말에 이르면 동프로이센에서 독일인들의 동방이주가 정점에 달했다. 그 결과 메클렌부르크에서 메멜에 이르기까지 발트해 남부 연안의 전체 후배지가 점차 한자 교역의 상품생산 지역으로 발전했다.

이 공간의 농산물과 임산물—곡물, 목재, 탄산칼륨, 타르 등—은 13세기에서 19세기까지 무엇보다 인구밀도가 높은 중세 말·근대 초의 '산업지역들'—플랑드르와 브란반트,[27] 네덜란드 북부 및 잉글랜드—에서 절실히 필요로 했던 식량과 원료였다. 따라서 홀란트인[28]과 젤란트인들[29] 그리고 잉글랜드인들은 한자의 중개무역을 거치지 않고 산지에서 직접 이 재화들을 구매하려 했으며 결국 성공을 거두었다.

13세기 말경 독일 상인들은 바이크셀 강[30]을 타고 올라 크라카우와 헝가리로 향하고 폴란드를 거쳐 향신료 교역에서 중요한 흑해와 연결되는 교통로를 탐색했다. 그렇지만 슐레지엔의 금광과 뵈멘(보헤미아)의 수출품인 왁스와 주석, 은도 이들의 관심을 끌었다.

13세기에는 스칸디나비아 북부지역도 저지독일 상인들의 교역 체제에 긴밀하게 편입되었다. 덴마크는 지리적 위치, 특히 이를테면 통로의 빗장에 비유될 수 있을 유틀란트 반도 때문에 한자도시들의 교역에서 엄청난

---

27 오늘날 벨기에의 안트베르펜 지역과 네덜란드의 남부 지방을 포함하는 지역.
28 홀란트는 오늘날 네덜란드의 중서부 지역.
29 젤란트는 오늘날 네덜란드 남서부의 섬들과 해안을 포괄하는 지역.
30 슬로바키아와의 국경을 이루는 카르파티아산맥에서 발원하여 크라쿠프와 바르샤바 등을 지나 그단스크(단치히) 부근에서 삼각주를 형성하고 발트해로 흘러들어가는 강. 바이크셀 강은 독일식 명칭이며, 폴란드식 명칭은 비스와 강, 러시아식 명칭은 비슬라 강, 영어식 명칭은 비스툴라 강이다.

정치적 의미가 있었으며(이 지역이 가진 중요성은 과거에 '한자의 운명을 좌우하는 힘'이라 표현되곤 했다), 12세기 말부터는 덴마크의 지배 아래 있던 쇼넨 지방의 청어시장들이 벤드 지방 한자도시들의 경제에서 무시 못할 중요성을 갖게 되었다. 12세기 전반기에 이 청어시장들은 동서를 연결하는 국제적 정기시로 발전했다. 스웨덴은 팔룬[31]의 구리채굴로 비약적인 경제 발전을 이룩했으며, 그러자 독일의 상인과 수공업자, 광부들이 특히 스웨덴의 칼마르와 스톡홀름 지역으로 이주했고 (1251년경의) 도시 스톡홀름 건설에도 크게 관여했다. 저지독일 상인들은 스웨덴의 두 가지 중요 재화인 구리와 철 외에 농축산품과 모피 및 생선을 내다 팔았다.

  덴마크 쇼넨 지방의 청어와 비교할 만한 노르웨이의 수출품은 유럽전역에서 수요가 있었던 대구포였다. 발트해 지역의 독일 상인들이 언제 노르웨이와 교역을 시작했는지는 알려져 있지 않다. 아무튼 1240년경에는 이미 뤼베크에서 베르겐으로 곡물과 밀가루, 맥아가 수출되고 있었다. 13세기 중엽 이후로 벤드지방의 한자도시 상인들은 노르웨이 시장에서 잉글랜드 상인들을 몰아낼 수 있었는데, 이는 동방이주로 농지를 지속적으로 증대시킨 결과 홀슈타인과 라우엔부르크, 메클렌부르크에서 많은 양의 호밀이 생산됐기 때문이다. 1259년경부터 독일 상인들은 겨울 내내 베르겐에 머물기 시작했는데, 이렇게 해서 주로 겨울 몇 달 동안 베르겐으로 수송되는 대구포와 여타 생선제품을 유리하게 구입할 수 있었다. 이들이 도시들에서 구입한 정주 회관Hof은 후일 한자 상인들의 정주지가 형성되는 초석이 되었다. 저지독일 상인들은 잉글랜드에서와 마찬가지로 노르웨이에서도 곳곳에 정주했다. 베르겐에도 런던의 슈탈호프에 비교될 만한 중심 회당

---

31 광업이 발전했던 스웨덴 중부의 도시.

이 있었다. 전체 한자 공간의 상인들이—비록 이 공간에서의 활동은 점점 더 뤼베크에 의해 주도되었지만—베르겐으로 몰려들었다. 반면 오슬로와 툰스베르크는 주로 뤼베크 동쪽에 위치한 벤드 도시들, 무엇보다 로스토크 출신의 원거리 상인들의 활동무대가 되었다.

서유럽_ 발트해 공간에서 저지독일 상인들은 러시아의 서쪽 국경에 이르기까지 세력을 확장했으며, 이런 확장은 이들 상인 조합원들이 시민으로서 정주하고 있는 여러 도시들의 지원을 받았다. 반면 러시아와 노르웨이 그리고 서방의 교역목적지였던 프랑스 북부와 플랑드르 및 잉글랜드에서 저지독일 상인들은 그저 '손님' 자격으로, 다시 말해 주기적으로 거주와 교역을 허락받는 외지상인으로서만 활동할 수 있었다. 그러나 플랑드르에서만은 1252~1253년 브뤼주 부근에—발트해 공간에서는 아주 성공적이었던 것으로 평가되는—저지독일 상인을 위한 자치 도시 건설을 추진할 수 있었다. 하지만 '노이-다메Neu-Damme'라는 이름의 정주지를 건설하려던 이 계획은 수포로 돌아가는데, 실패의 원인은 플랑드르 백작부인과 브뤼주 시의 저항에 있었던 것으로 추정된다.

플랑드르 지역의 저지독일 상인들은 비록 '손님' 자격에서 벗어나지 못했지만 그 이전까지 현지 상인들에 의해 주도되었던 동방교역에 끼어들어 성공을 거두었다. 여러 차례 강조되었듯, 이미 13세기에 플랑드르 교역은 원료 및 생필품과 관련된 발트해 공간의 교역경제에서 커다란 중요성을 가졌다. 전승된 가장 오랜 문헌에 따르면, 1244년 플랑드르로 향하던 뤼베크와 함부르크 상인들이 구비한 상품은 (알트마르크 산) 곡물과 아마, 대마, 수지, 목재, 역청, 타르, 청어, 대구포 그리고 소금이었다. 제국 교역시장에서 초기한자 상인들은 경쟁자인 플랑드르 상인들의 귀항화물을,[32] 특히 수요가 많은 동방상품을 억류하는 방식으로 이들을 몰아냈다. 제국 내에서 플랑드르 상인들은—억류를 걱정하여—자기들 지역의 산물을 현금이나 지불약속을 받아야만 판매할 수 있었던 반면, 한자 상인들은 머지않아 플랑드르 지방에서 동방상품의 유일한 공급자가 되었던 것이다. 모직물 생산의 중심지였던 플랑드르는—잉글랜드와 달리—다양한 종류의 수입물품에 지대한 관심을 보였다. 초기한자 교역이 시작된 이래로 플랑드르에서는 발트해 지역 원료들의 수요가 컸던 반면, 잉글랜드 교역은 13세기 말까지 왕가나 귀족이 필요로 하는 모피와 왁스가 주종이었다는 점을 특징으로 갖는다. 잉글랜드는 1280년대에 이르러서야 노르웨이와 발트해 동부 지역에서 상당한 양의 목재를 수입하기 시작했다.

13세기 중엽만 해도 브뤼주와 플랑드르는 샹파뉴 정기시의 그늘에 가려 있었다. 샹파뉴에서 초기한자 상인들은 이탈리아 원거리상인들을 만나 이들이 가져온 물품, 특히 극동의 향신료와 비단을 구입했다(초기한자 상인들은 교역 공간의 반대편 끝인 노브고로트에서도 이런 재화를 구입했는데, 이는 실크로드의 북쪽 지선이나 바이크셀 강과 연결된 흑해 루트를 거쳐 들어온 물품이었다). 나중에 다시 서술하겠지만, 13세기 말경 유럽 교역 체제가 구조적으로 변화된 후에야 모직물 생산지인 플랑드르가 교역 중심지가 되었고 무엇보다 브뤼주가 샹파뉴 정기시를 대신하게 되었다.

이상으로 13세기 후반까지 한자의 형성과정에서 저지독일 상인들의 교역 관심사가 어떻게 변했는지 개관해 보았다. 아래에서는 교역 수행과 안

---

[32] 교역목적지로 수출품을 실어가서 판매한 후 그곳에서 고향으로 돌아올 때 가져오는 수입품.

전보장을 위해 어떤 조직 형태들이 고안되었고 이런 조직 형태들이 어떤 변화를 겪었는지 알아보도록 하겠다.

4. 초기한자 상인들과 그 조직형태

초기한자 상인들_ 이러한 발전을 추동시킨 원거리상인들은 어떤 사람들이었나? 그들은 어디서 왔으며, 어떻게 자금을 조달했나? 우선 맨 마지막 물음에 관해 알아보자. 초기한자 상인들의 자본조달 방식에 관해서는 알려진 것이 거의 없다. 그럴 것이 마그데부르크까지 이르는 엘베 강 중류와 하류 지역 및 니더라인 지방[33] 사이의 저지독일 상인들이 어떻게 해서 엄청난 규모로 동서 원거리 교역에 뚫고 들어가 200년 만에 그러한 원거리교역을 (독점은 아니더라도) 거의 장악할 수 있었는가 하는 문제는 현재까지의 연구에서 거의 다뤄진 적이 없기 때문이다. 추정 가능한 유일한 사실은, 11~12세기 초기한자 교역망의 형성 단계에서 하르츠[34]산 금속이 중요한 '초기 자금'으로 기능했다는 점이다. 하르츠에서는 주로 구리가 채굴되었으며, 이 구리는 니더작센 지방(특히 브라운슈바이크)과 베스트팔렌 지방에서 가공되었다.

그렇지만 중세 전성기의 금융자본가에 대한 최근 40년 동안의 연구 결과, 당시 상인들의 자본력이 아주 미미했을 것이라는 과거의 견해들은 완

---

[33] 니더라인 지방은 라인 강과 네덜란드 사이에 놓인 노르트라인 베스트팔렌의 서부 전역을 가리킨다.
[34] 독일의 베저 강과 엘베 강 사이에 있는 산지.

전히 수정되었다. 상인 지도부가 중요한 위상에 있었다는 점, 이들이 가신 집단Ministerialität[35]과 돈독한 관계를 맺고 돈으로 정치적 영향력을 획득했다는 점은 12세기 말 이후 제국 서부에서는 분명한 사실이었던 것으로 입증됐다. 그리고 벨프 가문의 오토 4세[36]가 1198년 신성로마제국 황제이자 독일의 왕으로 선출되는 과정에서는 부유한 쾰른의 원거리 상인들과 가신들이 결정적 역할을 했다는 사실 또한 밝혀졌다. 당시 쾰른에서 엄청난 경제력을 바탕으로 막강한 정치적 영향력을 행사한 인물은 게르하르트 운마체Gerhard Unmaze(1159~1198)였는데, 그는 대주교의 부행정관이자 세금징수관, 판사, 리허체헤Richerzeche[37]의 수장이었고 (추정컨대) 거상이었으며 루돌프 폰 엠스Rudolf von Ems[38]의 서사시 『착한 게르하르트Der gute Gerhard』의 모델이 된 인물이었다. 13세기 전반—초기한자 경제권의 북서부인—런던에서는 쾰른 출신의 거상 테리쿠스 토이토니쿠스Terricus Teutonicus가 활동했는데, 그는 하인리히 3세[39]를 도와 여러 가지 업무를 담당했으며(주화제조와 정치 및 재정 업무를 담당하고 방직도시 스탬퍼드[40]의 정기시 행정관 역임) 런던에 거주한 독일 상인 중 최초의 '조합장Aldermann'[41]이었던 것

---

[35] 주로 시골 영지에 거주하는 귀족을 대리해서 도시행정을 맡았던 고위직 계층으로 '도시 귀족'이라고도 불린다.

[36] 오토 4세(1175년~1218년)는 1198년부터 독일왕과 신성로마황제 자리를 두고 다투던 두 명의 군주 중 한 사람으로 1208년부터 단독왕, 1209년부터는 단독 황제였다. 호엔슈타우펜 왕가와 다투던 벨프 가문의 유일한 왕이었으나 1215년 폐위당했다.

[37] 12세기 쾰른에 설립된 부자들의 조합으로 도시의 주요한 지배세력이었다.

[38] 루돌프 폰 엠스(Rudolf von Ems, 1200경~1254)는 증세 독일의 서사시인이며, 현재 남아 있는 그의 작품들 중 대표작이라 할 수 있는 『착한 게르하르트』는 기독교적 미덕인 겸손을 찬미하는 작품이다.

[39] 바이에른 공작이자 슈바벤 공작이었으며 1039년 독일 왕에 오르고 1046년 신성로마제국 황제로 즉위했다.

[40] 잉글랜드 동부의 도시로 중세에 양모 생산과 제련 및 도자기 산업이 발전하면서 중요한 시장이 되었고 940년부터 자치도시가 되었다.

으로 추정된다. 런던에는 아르놀트 피츠 테트마르Arnold Fitz Thetmar란 인물도 활동하고 있었는데, 그는 최초의 런던 연대기 저자로 알려져 있다. 테트마르의 아버지는 브레멘 출신이었고 어머니는 쾰른 태생이었다. 테트마르는 1251년 이후 몇 년 동안 잉글랜드를 왕래하는 독일 상인들의 '장로 Ältermann'('인도자', '수장'이라는 뜻)를 맡았다. 그는 신성로마제국과 독일 왕위를 둘러싼 다툼에서 콘월의 리처드Richard von Cornwall를 강력하게 지지한 듯하며, 그 결과 양친의 고향도시인 브레멘과 쾰른이 잉글랜드에서 이전보다 더 많은 특권을 누렸던 것 같다.

사료 부족으로 인해, 이 상인들이 동부에서도 교역 활동을 펼쳤는지에 관해서는 알 수가 없다. 하지만 이들 모두가 초기한자 경제권의 서부에서 활동했던 것은 분명하며, 엠스의 작품을 보면 (게르하르트 운마체를 모델로 한) '착한 게르하르트'는 러시아 교역에도 관여한다. 따라서 수익성 좋은 11~12세기 동방교역이 재산의 대부분을 교역상품으로 휴대했던 상인들에 의해서만 주도되었다는 견해는 수정되어야 한다. 그런데도 발트해 공간의 초기한자 교역을 다루는 대부분의 연구문헌은 여전히 이런 견해를 바탕에 깔고 있다.

원거리상인들은 대체로 3종류의 집단으로 구성되었다. 이들은 신분이 아니라 원거리상인들의 직업에 따라 실질적으로 구별되었다. 첫 번째 집단을 형성한 것은 도시 상류층 '가문familia'(인적 동맹) 출신의 가신 계층(평민 출신으로 고위직을 담당한 신하)이었다. 이들은 특히 영주의 지배권이 강

---

41 중세 저지독일인들의 조합을 이끄는 우두머리는 '아들러만(Adlermann)'이나 '엘터만(Ältermann)' 등으로 불렸다. 이 책에서 전자는 '조합장', 후자는 '장로'라 번역하겠지만, 두 단어는 사실 같은 뜻을 갖는다.

한 도시들에서 원거리교역에 가담할 수 있었다. 왜냐하면 도시 행정(시장 행정, 주화제조, 세관행정)에서 그들이 맡은 업무는 많은 경우 원거리교역과 직접 관계가 있었기 때문이다. 예를 들어, 관세가 상품으로 지불되는 경우가 적지 않았고, 이런 상품은 세관원들이 직접 판매해야 했다. 그리고 가신들의 영지에서 생산된 농산품 또한 상인들의 상품과 마찬가지로 시장에 나왔다. 두 번째 집단을 형성한 것은 근교에 막대한 토지를 소유하고 사법권을 장악했던 '평민 영주들Altfreie'로, 이들은 흔히 도시의 수장 집단에도 속해 있었다. 이들 또한 영지에서 생산된 물품으로 원거리교역에 참여할 수 있었다. 가장 규모가 큰 세 번째 집단을 형성한 것은 '본래 의미의' 원거리 상인들이었는 바, 12세기 중엽 이런 원거리상인들의 출신은 다양했다. 먼저 (틸Tiel[42]의) 해상교역정주지처럼 여타 정주지에서 멀리 떨어진 특별한 장소나 초기의 다핵도시들 내에 특수하게 조성된 상인정착지에 거주하면서 조합 활동을 하고, 다른 한편으로 공동체 형성과정에서 다른 중심적 거주지역의 주민들과도 결속을 맺은 편력 상인들이 있었으며, 다음으로 성직과 세속의 영주 가문 출신으로 잉여생산물을 시장에 내놓았던 상인들이 있었고, 또한 점점 증가했던 시장지향적 수공업자들, 즉 더 이상은 주문을 받아 작업하지 않고 상인의 직업으로 전향하고 있던 사람들이 있었다. 이들 모두가 11세기 이후로 도시의 지원을 받는 직업적 상인이 되었다. 그밖에 계절에 따라 상업에 나섰던 해안지역 '농부상인들'이 있었는데, 거대한 농장 소유자였던 이들 또한 잉여 농산물과 수공업품을 갖고서 원거리교역에 동참했다. 이들은 16세기에 이르기까지 특히 프리슬란트와 디트마르센[43]

---

42 오늘날 네덜란드 중동부에 있는 도시.
43 유틀란드 반도 서쪽 해안의 지역.

지방에서 도시의 구속을 받지 않는 원거리교역상으로 활동했다.

중고지독일 문학이나 서유럽 문학을 보면, 원거리 상인들과 기사들이 동일한 생활양식을 가진 것으로 묘사되어 있다. 즉 그런 문학작품에서 원거리상인의 최상 집단인 평민 영주와 가신은 서로 긴밀히 얽혀 있어 엄격히 구분되기 어려운 집단으로 나타난다. "기사로 등장하는 상인은 남의 깃털로 스스로를 장식하지 않는다. 그를 장식하는 것은 그 자신의 깃털이다.[44] 교역에 종사하는 기사는 말에서 내리지 않는다."(H. M. Klinkenberg) 12세기에서 13세기로의 전환기의 사람들은 이상화된 기사들의 수련여행과 원거리교역의 대범한 모험을 가까이 연결시키곤 했는데, 이 점은 앞서 소개한 『착한 게르하르트』에서도 분명하게 나타난다. 그리하여 '모험Aventure'은 기사의 수련 여행과 원거리상인의 교역 여행을 모두 가리키는 말이 되었다. 14세기에 이르면 이 말은 경제적 위험부담을 가리키는 상인들의 장부 기장용 어휘로 바뀐다.

14세기에 이르기까지는 한자 지역에서 활동한 상인들의 개별적 삶에 관해 알려진 것이 거의 없다. 기껏해야 12세기 말~13세기 초에 활동한 후고 폰 힐데스하임Hogo von Hildesheim이란 이름의 어느 초기한자 원거리상인에 관한 이야기가 전해오고 있다. 이 이야기를 범례로 삼아 전승된 소수 문헌들의 연계가능성이 도출되기도 했다. 후고는 (추정컨대) 주교좌가 있던 도시 힐데스하임의 선도적인 가신 가문 출신이었는데, 이 집안은 시 행정관과 수도원 행정관 등을 배출하기도 했다. 그는 홀슈타인의 치안책임관Overbode인 마르크라트 2세의 딸과 결혼하였으며—치안책임관의 둘째딸은 힐데스하임에서 수녀가 되었다—노이뮌스터[45] 시와도 관계를 맺었다. 후

---

44 기사나 상인의 자유로운 독립성을 가리키는 내용인 듯하다.

고는 홀슈타인의 브라헨펠트에 소유한 영지를 리가 근교 뒤나뮌데 수도원에 기증했는데, 이것으로 보아 그는 리보니아와도 친밀한 관계를 맺었음이 분명하다. 이러한 행적에서 특징적이라 할 수 있는 점은, 초기한자 내지 초기 도시의 지도계층이 한편으로 시골의 평민 영주 내지 하급귀족 가문과 관계를 맺었다는 점이며, 다른 한편으로—원거리 교역상의 활동과 연관되어 아주 설득력 있게 해명되는 사실로서—힐데스하임과 홀슈타인 및 리보니아 사이의 광역적 관계망에도 편입되었다는 점이다. 발트해 교역에 참여하고 뤼베크에 살았던 상인으로서, 전승된 가장 오랜 문헌에 등장하는 인물들은 아마 후고 폰 힐데스하임과 같은 신분의 사람들이었을 것이다. 즉 그들은 신성로마제국 출신으로 상인 조합의 장로거나 도시를 이끄는 집단의 구성원이었을 것이다.

따라서 초기한자 교역의 수행자들과 관련해서 분명하게 말할 수 있는 것은, 영도 집단 구성원들은 도시 행정 경험뿐 아니라 토착영주들을 상대하며 자신들의 이익을 관철시킨 경험도 있는 가문 출신이었다는 사실이다. 다음으로, 이 영도 집단의 개별 구성원이 보유한 재원은 (뢰리히는 예외로 하고서) 최근까지 추정되었던 것보다 훨씬 더 막대했다.

13세기 초 이래 서부와 중부 유럽의 문화양식과 법률형식 및 생활양식이 발트해 공간으로 전이되는 과정을 가속화시킨 대규모 이주운동의 조직 및 실행과 관련해서 위와 같은 관점은 중요한 의미를 갖는다. 이때 대규모 이주운동이란 발트해 남부 연안의 도시 정주지 건설과 동방이주 그리고 농촌이주운동 등을 가리키는 바, 농촌이주운동에서는 오지가 개간되었고 이런 개간지에서 획득된 농산물이 초기한자 교역에 공급되었다.

---

45 오늘날 독일 북부 슐레스비히 홀슈타인 주에 있는 도시.

새로운 도시 정주지 건설에는 막대한 비용이 소요되었다. 대개는 귀족이 건설한 것으로 생각되는 그런 정주지 건설의 비용이 어디서 조달됐는지 우리는 오늘날까지도 알지 못한다. 뢰리히는 이 문제를 인식했지만, 건설 컨소시엄이라는 그의 주장은 잘못된 답이었다. 그의 주장에는 충분한 논거가 없기 때문이다. 이 문제는 도시 건설에 관여한 인물들의 자본력뿐 아니라 도시의 지배자인 귀족들에게 자금을 조달하는 대가로 이들 인물이 획득한 권리와도 관계가 있기 때문에 중요하다. 발트해 공간에서 초기 도시들의 영도 집단들이 경제적으로 우월했던 것은, 한편으로 이들이 본래 소유했던 자본력에 기인하겠지만, 재정적으로 이용할 수 있는 권리―관세권, 시장재판권, 주화 제조권―가 이들에게 양도된 데도 기인할 것이다.

따라서 우리는 12~13세기 초기한자의 원거리교역과 당대 도시 건설을 주도한 원거리 상인들이 경제적으로 비교적 평준화된 집단이었으리라 추정하는 사고방식에서 벗어나야 한다. 이러한 평등의 환상은 발트해의 한자도시들, 특히 뤼베크가 칼 그루버[46]의 펜에 의해 그림으로 복원되는 과정에서 강화되었으며, 이런 그림들은 여러 세대에 걸쳐 중고등학생과 대학생 그리고 역사에 관심이 있는 사람들에게 영향을 주었다. 그루버의 이미지들은 20년 후 뢰리히에 의해 '학문적으로도' 뒷받침되었다.

오늘날 사료가 우리에게 제시하는 한자 이미지는, 법적으로는―시민 공동체의 서약을 통해 모든 사람이 결속을 맺은 동맹체였으므로―평등하지만, 사회적으로는 계층이 심하게 분화된 도시 사회이다. 이러한 계층 분화는 상인 집단들에서도 나타났다. 이 점은 생성되는 도시들 내의 사회적 위

---

[46] 카를 에르빈 그루버(Karl Erwin Gruber, 1885~1966)는 독일의 건축가이자 도시계획자이고 건축사가로서 제2차 세계대전 후 독일 도시들의 재건에 깊이 관여했다.

계질서와 관련해서 중요할 뿐 아니라 최소한 14세기 말까지 귀족세계로 도시의 영도 집단들의 사회적 편입이 이뤄졌다는 점과 관련해서도 아주 중요하다. 그럴 것이 12~13세기에 원거리 상인을 구성하는 직업 집단들(과 도시의 영도 집단들)에는 동일한 사회 집단 출신의 구성원들이 포함되었으며, 같은 시대에 이들로부터 시골에 거주하는 하급귀족이 형성되었기 때문이다. 14세기 말 이후의 문헌에서야 기사계급은 도시 시민계급과 섞일 수 없는 계층으로 서술되고 있다. 후일 한자의 수장도시가 된 뤼베크가 1226년 이후 자유시로서 가졌던 중요한 법제적 위상은 무엇보다 그 영도 집단의 신분적 성격을 통해서야 가능했던 것이리라.

저지독일 상인들의 원격지 교역단과 상인 조합_ 12세기와—지역별로 지속기간에 차이가 있지만—13세기에 외국 교역은 육상교역의 경우에는 대상으로 조직되었고 해상교역의 경우에는 호송선단으로 조직되었다. 도로가 불안정하고 약탈의 위험이 상존했기 때문에—이미 카롤링거 시대부터 검을 소지할 권리가 있었던—상인들은 원격지 교역단을 꾸려 함께 여행할 수밖에 없었다. 외국의 교역 목적지로 여행하는 이러한 상인 단체가 북서부 유럽에서 '한자'라 불렸다. 이들 상인은 고향도시에서 문제가 발생할 경우 영주의 신하인 재판관의 개입 없이 길드 내에서 조정을 구하고 여행 중일 경우에는 한자 내에서 중재할 수 있는 자율권, 즉 '코레kore'를 갖고 있었다. 이러한 자율권은 '여행상인들ius mercatorum'에게 부여된 여러 특별한 권리 중 핵심적인 것이었으며, 그 근원은 고대로까지 소급된다. 따라서 교역 여행을 다니는 상인들은 중세 초기부터 내부 문제를 자율적으로 통제할 수 있었으며, 이러한 자치능력은 통치권자들에게서도 인정받았다. 11세기부터 도시 공동체가 생겨나자 상인들은 그때그때 필요에 따라 다양한 합의체Einung을 결성했으며, 이런 합의체들이 모여 전체 공동체가 되었다. 상인들은 도시발전을 위한 여러 과제를 떠맡기도 했지만, 본연의 과제는 원거리 교역의 조직이었다.

(자유로운) 합의체는 중세 사회의 근간이 되는 조직형태 중 하나였다. 이런 합의체는 이미 중세 초에 농촌의 코뮌 형태로 나타났으며, 따라서 11세기의 (상인적·)도시적 특성만을 갖는 현상은 아니었다. 그렇지만 전승된 문헌에서는 신분제 사회에 대한 귀족 지배자들의 시각이 압도적이며, 따라서 사료에서 합의체에 관한 정보는 충분하지 못하며, 폄하의 내용이 주종을 이룬다. 이 때문에 중세사회에서 합의체가 가졌던 실질적 중요성과 합의체에 속하는 개인들의 역할은 오랫동안 인식되지 못했다. 합의체는 사회·정치적으로 무질서한 상황에서 생겨난 것으로, 협의와 합의에 의해 상호부조를 추구하는 개인들의 자발적 조직이었다. 다시 말해, 합의체의 구성원(조합원)들은 '자발적 합의Willkür'의 형식으로 결의된 조직 규정을 준수할 의무가 있었다(O. G. Oexle).

카를 대제 시대 이후로, 합의체를 결성하려 애쓰는 상인들은 왕의 보호를 받았고 왕으로부터 통행증(보호특권)을 받았다. 따라서 이런 상인들은 왕의 직접 통치만을 받았으며, 재판관구 안에 상인 길드를 소유한 통치권자들이 왕의 통행증을 획득한 경우에도 예의 상인들의 위상은 바뀌지 않았다. 다만 이런 경우에는 상인 개개인이 길드나 그때그때 재판권을 가진 영주에게 가서 왕의 보호를 받는 상인 조합의 가입 신청을 해야만 했다.

12세기, 특히 13세기에 이르면 독일 제국에서는 왕의 권리가 점점 더 제후들에게 넘어가며, 그 결과 제국 내에서 왕권에 의한 상인 보호는 의미를 잃게 되었지만, 외국 교역에서는 이런 보호가 계속 의미를 가졌다. 이런 맥락에서 왕의 보호를 얻으려 애썼던 제국 내의 모든 상인 길드는 왕 또는 황제의 상인들이라는 거대한 연맹의 일원이었다. 이런 까닭에 이들은 외국에서 '황제의 사람들homines imperatoris' 혹은 '황제의 상인들mercatores imperatoris'이라 불리기도 했다. 따라서 경제적 및 지역적 경쟁관계와는 별개로 왕의 보호를 받으며 외국에서 활동하는 모든 독일 상인들의—법제를 갖춘—조합이 있었던 셈이다.

외국 교역 초기에 길드 조합원들은 연합하여 '한자'를 결성하고 '한자백Wikgraf/Hansegraf'[47]을 선출했는데, 이들 한자백은 왕—혹은 왕을 대신해 길드가 속한 도시의 영주—으로부터 보호권 행사를 위임받았다. 다시 말해, 이들은 상인들과 관련된 재판을 실시하고, 외국행 원격지 교역단을 관리했으며, 보호 대가로 왕에게 지불하는 보호세 징수를 관장했다. 그런데 전승된 문헌에서는 초기 상인 길드나 원격지 교역단과 관련해서—왕이나 도시영주에게 하는 영주선서이건, 상인 길드와 원격지 교역단의 구성원들에게 하는 조합원선서이건 간에—선서를 했다는 사실은 나와 있지 않다.

12~13세기의 전승 문헌을 통해서는 원격지 교역단, 즉 '한자'(때로는 '길드'라고도 불림)의 결성에 관한 분명한 정보를 얻기가 어렵다. 독일 제국에서 유래한 사료를 통해서는—쾰른과 틸, 함부르크 상인들이 각기 잉글랜드 왕과 협약을 맺었다는 사실처럼—개별 도시 원격지 교역단에 관한 정보밖에 얻을 수 없다. 그러나 플랑드르 한자에서는 외지상인들도 받아들였을 가능성이 있다. 물론 이런 경우에는 아주 높은 입회금을 내야 했을

---

[47] 한자도시에서 한자와 시장 및 교역 관련 업무를 관장하던 관리들.

것이며, 이런 제도를 통해 한자 가입을 막거나 최소한 제한할 수 있었을 것이다.

외지상인, 다시 말해—비록 같은 지역의 이웃도시에서 왔더라도—같은 도시 출신이 아닌 상인들에 대한 배타성은 11~13세기 교역사에서 나타나는 기본 특징 중 하나이다. 추정컨대 12세기 말, 그러나 13세기에는 분명히 저지독일 상인들이 외국에서의 그런 경쟁관계를 극복했고 그때그때의 계약 상대방에 대해 단결된 입장을 취했으며, 이는 당시 저지독일 상인들이 거둔 가장 중요한 성과였다. 물론 동맹의 수준은 정주지(상관)와 시기에 따라 천차만별이었다. 이런 현상은 12세기 말 노브고로트에서 시작되었는 바, 이곳의 저지독일 상인들이 고틀란드 상인들과 함께 동맹을 이루었던 것이다. 그리고 13세기 초 서부 유럽에서도—오래 지속되지는 않았지만—유사한 동맹조직이 생겨났다. 샹파뉴 정기시에서는 '17개 도시 출신 상인 조합Gemeinschaft der mercatores de XVII villes'이 형성되었는데(문헌상의 최초 언급은 1230년), 이 조합은 해체될 무렵에야 '17개 도시 한자'로 불리기 시작했다. 그리고 아마도 1200년경 (문헌상의 최초 언급은 1241년) 52개 도시 출신의 플랑드르 상인들이 런던에 상부조직체인 '런던 한자'를 결성했다. 하지만 이 두 조직체는 14세기 이후로 아무 역할을 하지 못했다.

발트해 공간에서는 뤼베크에서 출발하여 고틀란드, 나중에는 노보고로드나 리가까지 항해한 원격지 교역단들이 결성되었다. 교역단들은 그때그때의 교역목적지(고틀란드나 리가) 혹은 여행 도중의 주요 거점(노보고로드 행의 경우에는 네바 강 어귀)에서야 결성되었던 것이 분명하다. 바로 이런 교역단들이 최초의 초기한자 상인연맹체였는 바, 이런 연맹체들은 다양한 개별 도시의 교역단으로 구성되었고 장소별로 이합집산하면서 (넓은 의미에서의) '상인 조합universitas mercatorum' 내지 그 일부를 형성했다. 이 점은 12세기와 13세기 전반기의 교역 계약서들에서도 분명하게 확인된다. 예컨대 스몰렌스크 영주가 1229년 리가의 주교 및 리가, 비스비, 뤼베크, 조스트, 뮌스터, 도르트문트, 브레멘 출신의 원거리상인들과 체결한 계약서를 보면, 이 계약서는 리가에서 "로마 제국의 많은 상인들이 보는 앞에서" 작성되었고 "모든 상인들의 인장을 통해" 보증된 것으로 되어 있다. 또한 13세기 중반 작성된 '노브고로트 슈라'[48](상관 회당인 성 베드로 호프의 규약)에도 그 작성자들은 "독일의 모든 도시에서 온 가장 현명한 사람들"이라고 밝혀져 있다.

13세기 중엽의 상인들 스스로는 고틀란드에서 결성된 (그리고 전승된 문헌에서 확인할 수 있는 가장 훌륭한) 자신들의 조직을 '고틀란드를 왕래하는 로마 제국 상인 조합universitas mercatorum Romani imperii Gotlandiam frequentantinum'이라 불렀다. 이런 명칭을 통해 상인들은 자신들이 출신 지방이나 지역이 아닌 제국에 속한다는 점과 동방교역의 중심 집결지인 공동의 교역 목적지에 의해 결속된 집단임을 분명히 했다. 이 조합에는 자율적 행정기구가 있었고 (아마 1229년, 늦어도 13세기 중엽 이후로는) '고틀란드를 왕래하는 로마 제국 상인 조합'이란 글귀가 찍히는 인장을 사용했다. 연구문헌들에서 이 조직은 '고틀란드 조합Gottländische Genossenschaft'으로 지칭되곤 하는데, 이는 당대 문헌에서는 발견될 수 없는 것으로 19세기에 생겨난 학술적 개념이다. 1161년의 아르틀렌부르크 계약서에서 언급된 오델리쿠스Odelricus란 사람은 그동안 고틀란드 교역단의 최초 장로라고 추측되어왔

---

[48] 옛 노르웨이 단어인 '슈라(Schra)'는 원래 말린 모피를 뜻했으나, 여기에 법률을 기록하곤 했기 때문에 점차 '증서'나 '법전' 등을 뜻하게 되었다.

다. 그러나 닐스 블롬크비스트Nils Blomkvist[49]는 이런 해석을 문제시하며 오델리쿠스란 인물을 하인리히 사자공의 신하로서 작센 공국에서 근무한 관리라고 보고 있다. 그에 따르면 오델리쿠스는 고틀란드인들이 당한 범죄 사건을 신속히 처리하고 가해자들을 가차 없이 처벌하라는 명령을 수행했던 인물이다.

고틀란드에서는 독일과 구튼 상인들이 '공동 길드gilda communis'를 결성했는데, 이는 '상인 조합universitas mercatorum' 내지 그 일부이기도 했다(D. 카팅어Kattinger). 1191~92년 이 상인 공동체는 노브고로트의 영주와 교역협정을 맺기 위해 고틀란드인 아르부트Arbud(헤르보르트Herbord)를 사신으로 파견했으며, 노브고로트 영주는 다양한 종족 출신 상인들로 구성된 이 동맹체를 '법률적 권한을 가진 조직Rechtsempfänger'으로 인정했다(후일 잉글랜드 왕도 마찬가지였다). 조합의 결성은 교역 활동 과정에서 나올 수밖에 없는 당연한 결과였다. 아닌 게 아니라 구튼족 상인들은 처음에 뤼베크에서 고틀란드로 갈 때 교역 상대자였던 저지독일 상인들도 함께 데려 갔으며, 얼마 후에는 고틀란드에서 노브고로트로 여행할 때도 그렇게 했던 것 같다. 그리고 처음에는 구튼 상인들의 선박이 이용되었지만 나중에는 공동 선단이 꾸려졌다. 이러한 협력은 분명 양측 모두에게 이익이 되었으며, 그 결과 잉글랜드 교역으로 협력이 확대되었다. 구튼족과 저지독일 상인들이 100년 이상 유지한 이러한 공동체는 초기한자의 역사에서 발견되는 소수의 실질적인 '국제적 특징들' 중 하나라고 볼 수 있다.

따라서 '공동 길드'는 구튼족 토착 상인들과 손님 자격의 독일 상인들이 비스비에서 결성한 공동체였던 듯하며, 자율적 재판권도 갖고 있었던 것

---

[49] 닐스 블롬크비스트(Nils Blomkvist, 1943년생)는 스웨덴 비스비의 고틀란드 대학 역사학 교수.

같다. 1211년 리가의 알베르트 주교가 리가는 물론 뒤나 교역에서도 '공동 길드'를 설립할 때 자신의 동의를 얻도록 만든 것도 이런 자율적 재판권 때문인 듯하다. '공동 조합'이 주교의 통제를 받지 않을 경우 그의 도시 및 농촌 지배권이 상당히 제한될 수 있었던 것이다.

외국의 정주지_ 외국에서 왕과 영주들의 권한은 위험 및 외부의 침해로부터 상인들의 안전을 보장하는 것에 국한되었다. 따라서 토착주민들의 안전요구와 상인들의 이해관계를 조정할 수 있는 합리적 관계가 모색되어야 했다. 그럴 것이 떠돌이 외지인에 대한 불안은 중세 초 주민들의 권리와 관련해서 빈번히 거론되는 주제였기 때문이다. 그리하여 9세기 말 앵글로색슨의 왕 엘프레드Aelfred가 제정한 법령에 따르면, 원격지 교역단에 새로운 구성원이 생기면 토착민들과 이미 알고 지내는 교역단 장로가 주민집회에 앞서 왕의 태수Königsvogt에게 새로운 구성원들을 소개할 의무가 있었다(이 방침은 본질적 내용에서는 아무 변화가 없이 한자 말기까지 유지되었다).

13세기 중엽까지 서부에서는 원격지 교역단, 동부에서는 그때그때 상황에 따라 조직된 상인 조합이나 개별도시의 원격지 교역단이 목적지에서 교역 협정을 체결하거나 기존 협정을 활용했다. 이런 협정이 체결된 곳은 노브고로트와 런던, 브뤼주 그리고 베르겐이었다. 런던에서는 처음에 개별 도시들—쾰른과 틸, 도르트문트, 나중에는 뤼베크와 함부르크 등—의 한자가 주도적이었지만, 오랜 과정을 거쳐 이들 개별 한자들이 마침내 쾰른 상인들의 길드 회관에 모여 독일 상인들의 한자를 결성하게 되었다. 개별 도시들의 원격지 교역단은 플랑드르에도 진출했지만, 여기서는 상인들의 고향도시들이 금세 가까워져서 이미 1251~52년이면 모든 도시의 상인들을 대변하는 한 사람의—나중에는 두 사람의—사신을 파견해 플랑드르 백작부인과 협정을 체결했다. 마지막으로 베르겐에서는 뤼베크 한자가 주도적 역할을 했으며 쇼넨에서도 마찬가지였다. 두 지역(은 물론 여타 지역)에서 뤼베크 상인들은 자기 도시뿐 아니라 벤드 지역의 도시들 혹은 '상인 조합gemenen kopmann'(이는 라틴어 'universitas mercatorum'에 상응하는 중저지독일어 표현이다)을 위해 특허장을 얻어냈다.

노브고로트의 경우는 모든 상관지의 상황을 보여주는 범례가 될 수 있는데, 13세기 중엽 이 도시 슈라(상관 규약)의 가장 오래된 수고본에 따르면, 네바 강 어귀에 선단이 도착하면 "출신도시와 상관없이 가장 적합한 사람이" 회당 및 성 베드로 교회의 장로로 선출되었다. 선출된 장로는 4명의 상인들로 구성된 상인 위원회를 구성했는데, 가급적 광범위한 지원을 얻기 위해 규모가 큰 지역 연맹 소속 상인들을 위원으로 임명했던 것 같다. 후일에는 비스비와 뤼베크, 조스트 및 도르트문트 출신 상인 중에서 한 명씩을 위원으로 임명한 듯하며, 겨울 동안 비스비의 성모 교회에 보관되는 상관 금고의 열쇠 4개를 이들이 나눠 보관했다.

상관의 장로는 상인들의 법정에서 의장을 맡았으며 러시아 권력자들에 맞서 상인들의 이익을 대변했다. 장로는 독일법 절차에 따라 재판을 이끌었다. 하지만 판결은 모든 법원 조합원들—이 경우에는 법정에 참석한 상인들—이 내렸다. 장로와 그가 임명한 상인 위원회는 판결을 집행할 책무가 있었다. 이런 법정에서는 그때그때 참석한 상인들이 이른바 '자발적 합의'에 포함시킬 규약을 정하기도 했다(이에 관해서는 나중에 다시 논하겠다). 장로와 상인 위원회가 이런 규약을 슈라에 포함시키는 순간(이런 방식에 의해 슈라는 4차 판본까지 나왔고, 1355년에서 1361년 사이에 작성된 이 판본에서는 내용이 119개 장으로 늘어났다), 그 규약은 현재 상관에 거주하는 상인은 물론 장차 거주할 상인 모두에게 구속력을 가졌다. 따라서 초기한자의 의사결정은 그때그때 상관 집회의 결의 내용을 상인 조합 전체의 의견과 동일시하는 입장에 근거했다(E. Pitz).

저지독일 상인들의 합의체 구성_ 그런데 개별 도시의 길드 상인들은 원격지 교역단 및 상관 집회에 의해 상인 조합의 일원으로 인정되었을 뿐 아니라 고향 도시 공동체의 개별 연맹 자격으로 이 공동체의 일원이란 인정도 얻었다. 따라서 초기의 한자는 수많은 개별 연맹으로 구성되었다. 우선 원격지 교역단이 있었는데, 이들은 교역 목적지에서 (새로운) 공동체를 형성했던 바, 이런 공동체는 해당 지역 교역에 이해관계가 있는 도시들 및 지역들의 다수 상인 단체가 자발적 합의를 통해 구성하는 형태로 이뤄졌다. 사료에 따르면, 이런 동맹체가 가장 일찍 형성된 곳은 노브고로트와 런던의 길드 회관이다. 외국 정주지에 형성된 이런—나중에 상관으로 불린—공동체들이 바로 한자의 핵심이었다. 그럴 것이 이런 공동체에서 합의된 교역 조약은—상인들은 조약서를 특허장이라고 간주했다—16세기에 이르기까지 전체 동맹의 활동 근거가 되었기 때문이다. 개별 도시들의 원격지 교역단은 이처럼 이중적 동일성—한편으로 고향 도시(공동체)와의 동일성, 다른 한편으로 상인 조합과의 동일성—을 갖고 있었기에, 개별 도시의 원격지 교역단들이 외국 교역지에 결성한 합의체는 자연스레 고향도시들 간의 합의체를 파생시켰다(E. Pitz).

5. 변화의 요인들

상인들의 원격지 교역단의 기초를 이룬 것은 특정 형태의 상품 교역과 경제 조직이었다. 13세기가 흐르면서 이 형태가 바뀌자 상인들이 공동체를 조직하는 형태도 달라졌다. 한자 역사의 맥락에서 이는, 저지독일 상인들의 공동체 형성 과정에서 기초가 되었던 근본적인 구조적 특징들이 이미 13세기에 들어와 변하기 시작했음을 뜻한다. 그 결과, 근본적으로 낙후한 이 공동체의 조직 형태에 의해서는 14세기 이후 점점 더 격화되는 유럽 교역 체제 내의 분할 경쟁에 뛰어들 수 없게 되었다. 서부의 교역 지역에서 원격지 교역단이 사라지고 동부에서도 점차 그런 현상이 나타난 점, 그와 동시에 집단 교역에서 개인 교역으로의 이행 현상이 나타난 점, 그리고 주기적으로 열리던 정기시가 해체되고 새로운 교역 중심지, 즉 상설시장을 갖춘 거대 교역도시들이 이를 대체한 점 등이 모두 그러한 변화에 속한다.

'상업혁명' 13세기 후반과 14세기 초를 특징짓는 현상은 교통로의 안정화, 상업혁명의 영향 그리고 이와 결부된 경제 구조의 변화 및 전성기 중세에 전형적이었던 경제와 인구 성장 국면의 종결이다.

13세기 중엽에 교통로가 안전해지자 교역의 안전도 점차 보장되었다. 교역의 안전은 개인교역 및 '대리인muncci'을 통한 외국 교역 수행의 외적 전제조건이었다. 이러한 전제조건의 충족은, 서부의 플랑드르 및 잉글랜드에서 동부의 나르바 강[50]과 볼호프 강[51]이 흐르는 지역을 장악하고 있던 당대 정치권력, 즉 성·속 영주들을 상대로 도시들, 특히 뤼베크와 함부르크가 추진한 길고도 힘겨운 협상의 결실이었다. 교역 방식은 지역의 안전도에 따라 달라졌다. 서부—라인 지방과 잉글랜드—에서는 이미 13세기 중엽 이전부터 개별 상인들 및 이들에게서 전권을 위임 받은 대리인들이 활동할 수 있었던 반면, 바이크셀 강과 나르바 강, 볼호프 강 유역의 폴란드 및 러시아 지역에서는 13세기 말까지 옛날 방식대로 상인들이 대상을 조직해 선박이나 우마차로 이동했다.

이런 (정치적) 안정은 북유럽에서도 '상업혁명'(R. de Roover, R. S. Lopez)이 일어날 수 있는 중요한 전제조건이었다. '상업혁명'이란 13세기 이탈리아 상인들의 교역 조직과 관련해서 나타난 근본적 변화를 가리키는 개념이다. 당시 원거리 상인들은 더 이상 상품이 집결되는 정기시에 직접 가지 않고 고향도시의 상관에 머물면서 교역 업무를 보았다. 이들은 구매하고자 하는 상품의 생산지나 교역 중심지에 '현지 체재 위탁상Faktor'을 파견했고, 이들 위탁상은 현지에 정주하면서 사업주 대신에 거래를 했다. 이런 체제는 사업주가 동시에 여러 장소에서 '활동하는' 것을 가능케 했으며, 이로 인해 사업주의 거래량도 증가했다. 이런 체제는 예전보다 더 많은 자본을 필요로 했으며, 그 결과 이탈리아에서는 재화교역과 금융업이 결합되었다. 그리고 이렇게 해서 도입된 신용증권은 상거래의 새로운 차원을 열

---

[50] 에스토니아와 러시아를 흐르는 강으로, 도시 나르바는 이 강 상류에 있다.
[51] 오늘날 러시아의 노브고로트 주와 레닌그라드 주를 흐르는 강으로 노브고로트와 볼호프 등의 도시가 이 강에 면해 있다.

어주었다. 저지독일 상인들은 이런 체제를 상파뉴 정기시에서, 그리고 13세기 말 이후에는 무엇보다 플랑드르에서 배웠고 이를 활용하게 되었다. 이런 발전 과정에서 1200년경 최초의 주화가 주조되었고(당시 이 주화는 '그로시'라 불렸으며, 약 150년 후에 독일어권에서는 '그로셴'이 탄생한다[52]), 1251년에는—플로렌스와 제노바에서—최초로 금화가 주조되었다.

 '상업혁명'의 특징을 이루는 현상 중 그 무엇보다도 중요한 것은, 상거래가 고향도시의 상관에서 주도되었다는 점과 이와 연관된 현상으로서 한자 공간에서 교역량이 증가했다는 점이다. 물론 한자 공간에서는 상인들이 현지 체제 위탁상을 두지 않았고 그때그때 교역 여행에 대리인이나 비교적 젊은 사원들을 파견했다.

원거리 상인들의 의회 진출_ '상업혁명'은 의회에 진출한 원거리 상인들의 수적 증가라는 정치적 결과를 가져왔다. 그런데 의회에 진출한 상인들의 수는 개별 도시들의 경제적 구조에 좌우되었다. 대체적으로 보자면, 해안지역 도시들의 의회는 원거리 상인들에 의해 장악되었던 반면, 내륙도시들에서는 수공업의 경제적 중요성 때문에 수공업 조합들의 의회 참여가 더 활발했다. 그러나 문헌에서는 수공업 조합원으로 나타나지만 실제로는 상인이었던 사람들도 적지 않았다. 많은 내륙도시에서 수공업 조합의 의회 진출은 13세기 말경의 법제투쟁을 통해 실현되었다(에어푸르트 1283년, 브라운슈바이크 1292/94년). 다른 도시들에서는 원거리 상인들이

---

[52] '그로시(grossi)'는 1200년경 북부 이탈리아에서 유통된 은화 '그로소(grosso)'의 복수형이며, 후일 독일어권의 주화 단위인 '그로셴(Groschen)'은 여기서 유래한 말이다.

경쟁관계에 있는 집단의 대표자들을 의회에서 몰아내는 데 성공했다. 예를 들어 고스라에서는 하급귀족, 마그데부르크에서는 주교의 가신들, 함부르크에서는 토지소유 (하급귀족) 가문, 그리고 뤼베크에서는 이들 집단과 동등한 신분의 대지주들을 의회에서 몰아냈다. 주목할 만한 점은, 제국도시들에서 법제수정이 최초로 일어난 1256~1312년의 이 국면이 오늘날 우리에게 익숙한 중세 후기 저지독일의 도시 이미지가 형성된 시기와 대체로 일치한다는 점이다. 당시에야 비로소 기본구조에서 대체로 표준화된 도시 이미지가 형성되었는데, 이런 도시에서는 "어떤 한 건물에서 다른 건물들과 구별되는 개성을 의도적으로 부각시키는 것에 가치를 두지 않았다." 이는 "도시들에 이주한 집단의 다양성"을 반영하는 13세기 전반의 다양한 건축 유형과는 눈에 띄게 다른 점이었다(F. Kaspar). 이런 도시의 모습에서 우리는 마치 합의체에 어울리는 공동체 법제가 그 법적 평등의 원리와 더불어 외적 형식으로 표출된 것만 같은 인상을 받는다.

상인 조합의 보호세력인 도시_

13세기 중엽 슈타우펜 왕조[53]가 몰락한 후로는 상인들과 자유도시 뤼베크의 시의회(양측의 주도적 집단은 부분적으로 동일한 인물들이었을 것이다)가 외교적 주도권을 쥐게 되었다. 북부독일의 영주들은 너무 세력이 약해서 도시들 스스로가 도시와 상인들을 보호할 수밖에 없었다. 또한 13세기 중엽에는—대개 뤼베크의 사절단과 연관해서 눈에 띄게—'조합universitas' 내지 '로마 제국 상인 조합

---

[53] 슈타우펜 혹은 호엔슈타우펜 왕조는 1138~1208년과 1212~1254년에 신성 로마 제국을 지배한 독일의 왕조이다.

universitas, universitas mercatorum Romani imperii'이라는 명칭이 빈번히 등장한다. 클라우스 프리틀란트Klaus Friedland[54]에 따르면, 이런 명칭은 뤼베크 시의회가 강력하게 추진했던 기획, 즉 도시 대표들과 도시법의 권한이 도시법의 효력 너머에 있는 사람들, 즉 저지독일 상인들의 공동체에도 행사될 수 있게 만들려 했던 기획과 관계가 있다. 더욱이 이 기획은 한편으로 '로마 제국 상인mercatores Romani imperii', 다른 한편으로 '제국도시civitas imperii'라는 개념에 의해 제국에 대한 소명 내지 귀속성을 강조했다. 제국과의 연관성이 요구되었던 것은, 도시법의 효력이 개별도시에 한정되어 포괄적인 상법을 창출하는 데 부적합했기 때문이다.

1242년 뤼베크는 독일 기사단과 힘을 합쳐 잠란트Samland[55]의 프레겔 강 어귀에 리가의 법제를 따르는 도시를 하나 건설하려 했다. 그러나 이 기획은 1252~53년 브뤼주 근교에 저지독일 상인들의 도시를 건설하려 했던 시도와 마찬가지로 성공을 거두지 못했다. 1252~53년의 기획은 발트해 공간에서 성공적으로 이뤄진 정책, 즉 원거리 상인을 위한 도시 건설이란 정책을 서부로도 확장하는데 목적이 있었던 듯하다. 이 두 차례의 경험에서 당시 상인들은, 제국에 속하지 않으면서 통치권이 잘 정비된 지역에서 일반 상인법에 근거하는 도시를 건설하는 기획은 실현될 수 없으리라는 결론을 내린 듯하다. 아무튼 13세기 후반부터 뤼베크는 상인 조합의 법을 관철시켜 조합의 특권을 확보하려는 기획을 추진하지 않게 되었다. 이제 뤼베크의 시의회는 이 도시의 법을 상인법으로 관철시키려는 패권 정책을 펼치

---

54 클라우스 프리틀란트(1920년생)는 독일의 역사학자로 키일 대학 교수를 역임했다.
55 오늘날 러시아의 칼리닌그라트(쾨니히스베르크)가 있는 발트해 남동연안의 반도. 독일식 명칭은 잠란트, 영어식 명칭은 삼비아이다.

기 시작했다(K. Friedlnad). 충분히 짐작할 수 있겠지만, 합의체의 법제라는 미명 아래 시종일관 강권 정책을 전개한 것이다(이에 관해서는 나중에 더 자세히 서술하겠다). 따라서 유엔 조직과 한자 조직의 유사성을 비교한 페터 모라브Peter Moraw[56]의 연구에는 일말의 진리가 포함되어 있다.

제국연맹에 속하지 않는 영주들까지 포괄하는 초지역적 시도들, 즉 한자 교역로의 안정화를 위한 시도들은 제국 내에서 맺어진 수많은 조약, 특히 주로 도시들 사이에 체결된 조약들에 의해 빛을 보았다. 이러한 조약의 목적은 도시들 공동의 법을 만들거나 안전이 보장되지 않은 지역에서—최소한 도시들 사이의, 그러나 가능하다면 귀족 통치권자들도 포함시키는—계약에 의해 상인들의 안전을 도모하는 데 있었다. 그리하여 다수 상인 집단에 의한 초기한자 교역특허장의 획득은 2개 도시 합의체의 형성(뤼베크-함부르크, 뮌스터-오스나브뤼크) 및 노르트엘비엔[57]과 베스트팔렌의 지역 도시 동맹체 형성(1246년 라트베르겐[58] 도시 동맹, 1253년 베르네[59] 도시 동맹)과 동시적으로 진행되었다.

뤼베크 대 비스비_ 그와 달리, 벤드 도시들은 서로 경쟁관계에 있어 결속이 쉽지 않았다. 1259년이 되어서야 뤼베크와 비스마르 및 로스토크가 항해의 안전을 보장하는 협정을 맺었고, 이 협정은 1265년 확대되어 무엇보다 매년 공동의 관심사를 협의하기로 하는 결의도 포함시켰다. 슈트랄

---

56 페터 모라브(1935년생)는 독일의 역사학자로 다름슈타트 공과대학, 빌레펠트 대학, 기센 대학 역사학과 교수를 역임했다.
57 엘베 강과 독일; 덴마크 국경 사이의 지역.
58 오늘날 독일의 노르트라인; 베스트팔렌 주에 있는 마을.
59 오늘날 독일의 노르트라인; 베스트팔렌 주에 있는 도시.

준트는 1249년만 해도 뤼겐 섬 근해의 청어 어장을 둘러싼 다툼 때문에 뤼베크에 의해 포위당하고 부분적으로 파괴되었으며, 그라이프스발트는 슈트랄준트와 분쟁을 겪다 1281년에야 도시 공동체의 주선으로 평화를 찾고 이 공동체에 속하게 되었다.

처음에는 지역적으로만 추진되다 나중에는 벤드 도시들 사이에 전반적으로 체결된 이런 협정들은 발트해 공간에서 새로이 시행되는 정책의 이정표라 할 수 있었다. 무엇보다 1259년 "전례 없는 어떤 법령에서 (…) 해적과 육로 강도로 인해 평화가 전반적으로 교란되고 있음이 확인되었을 때" 그러한 새로운 양태의 정책이 본격적으로 가동되었다. 하지만 이때 "유서 깊고 여전히 유효한 법에 따라 오로지 범행이 일어난 구체적 경우에만 평화 수립 활동이 집행될 수 있었으며, 평화 수립 활동에 참가하는 사람의 이름이 공개되어야 했다."(W. Ebel) 1280년 비스비의 독일 도시 공동체가 뤼베크와 동맹을 맺고 1282년 리가가 이 동맹에 가입함으로써 지역적인 틀에서의 탈피가 이뤄졌다. 이런 동맹에 의해 도시들은 "외레준트와 노브고로트 사이의 지역 내지 발트해 전역과 그 항구들에서" 수행되는 교역 활동을 보호할 의무를 지게 되었다. 3년 후 이 동맹은 로스토크로 연결되는 육로와 해로의 안전도 보장하는 형태로 확대되었는데, 이는 제후들과 도시들의 관계가 새로운 단계로 올라섰음을 알려주는 것이었다.

'도시 동맹gemenen stede'에서는 비스비와 뤼베크가 주도권을 두고 다툼을 벌였다. 비스비는 상인 조합의 법("고틀란드의 상인들에 의해 적용되고 있는 법")을 근거로 삼고 상인 조합의 소재지라는 점을 내세웠으며, 뤼베크는 자체 법의 구속력을 최소한 발트해 공간에서 관철시키려는 목표를 품었다. 13세기 말 뤼베크의 시의회는 '노브고로트를 왕래하는 상인들Novgorodfahrer'

의 고등법원(항소법원)을 비스비에서 뤼베크로 이전시키고(1293~95) 고틀란드 조합의 인장을 무효화시켰으며(1298), 이렇게 해서 경쟁도시 비스비를 물리치고 발트해 공간 도시들의 합의체에서 우위를 확보했다.

노브고로트 교역에 관심을 가진 도시들은—전승된 후일의 좀 더 자세한 문헌에서 확인되는 결의 방식상의 전형적 특징을 이미 보여주는—모종의 절차(이에 관해서는 나중에 다시 논하겠다)를 통해 뤼베크가 제시한 방안, 즉 노브고로트 상관의 고등법원을 비스비에서 뤼베크로 이전하는 방안에 동의하도록 요구받았다. 뤼베크는 옛 법의 원상회복을 논거로 해서 이런 방안을 주장했다. 극소수의 도시들만이—전승된 문헌에서 확인할 수 있는 도시는 리가와 오스나브뤼크이다—벤드 도시들의 이러한 조치에 동의하지 않았으며, 이때 상당히 그럴 듯한 논거, 즉 노브고로트 법원에서는 아주 오래 전부터 고틀란드 '상인 조합'에 의해서도 준수되어 온 '자유권litertates'이 지켜졌다는 논거를 내세웠다.

비스비의 위상을 실추시키려는 의도는 상인 조합 명의의 인장 사용 자체를 금지시킨 조처에서 더욱 분명하게 드러난다. 당시 결의문에서는 도시명이 직접 거론되고 있지 않지만 그 내용을 보면 고틀란드에서 향후 더 이상 상인 조합 명의의 인장을 사용할 수 없었음을 알 수 있다. 금지의 이유로서는, 상인 조합의 인장 사용이 다른 도시들에서도 불가능할 뿐더러 도시마다 자체 인장이 있으니 도시 내 상인들에 관한 업무에 그 인장을 사용하면 된다는 점이 언급되었다. 핵심적 법률공증을 개별도시에 위임한 것은 합의체적 구성 방식에도 부응하는 조처였는 바, 사전에 전체 합의를 도출하지 않은 사안에 전체의 이름으로 공증을 하는 것은 허용될 수 없는 일이었기 때문이다.

경제 구조의 변화_ 비스비의 정치력 '상실'은 유럽의 경제적 지형에서 나타난 근본적 변화와 깊은 관련이 있다. 교역로와 제후 영토의 점차적 안정화는—동부와 서부 사이에 시기적 차이가 있긴 하지만—원격지 교역단에 의한 교역이 사라지는 데 기여했다. 이런 교역과 밀접한 관계가 있었던 정기시 체제도 그 여파로 13세기 말부터 소멸되었다. 북서부 유럽에서 상파뉴 정기시는 잉글랜드 정기시와 마찬가지로 중요성을 점차 상실했다. 시장 중심지의 기능은 도시들이 넘겨 받았다. 플랑드르에서는 해로를 통한 원거리교역이 브뤼주에 집중되었으며, 잉글랜드에서는 동부 연안의 항구들과 관련하여 런던의 중요성이 상승했다. 여러 지역에서 자체 도시 상인들의 교역을 유리하게 하기 위해 외지상인들의 활동을 제한하는 현상이 나타났다. 예를 들어 프로이센에서는 도시들과 독일 기사단이 내륙을 통한 비독일계 상인들의 폴란드 출입을 차단하고 이런 맥락에서 '강제 하적 정책Zwangsstapel'[60]을 시행했다.

교역 체계의 서부 지역에서는 정치적 사건들과 도로망의 개선 덕분에 이러한 구조 변화가 강화되었다. 프랑스에서는 중앙권력과 지방권력 사이의 군사적 대결로 인해 론[61]–손[62] 루트가 불안해졌으며, 그 결과 남북 교역의 축이 라인 루트로 이동했다(이런 변화 또한 상파뉴 정기시의 몰락에 일조했다). 이런 변화 과정에서는 프랑스의 정치적 불안 외에도 1300년경 마차가 다닐 수 있는 브레네르 고개[63]가 열린 것이 중요한 역할을 했다.

---

60 교역 목적지로 가기 위해 어떤 도시를 통과하려는 상인들에게 일정 기간 동안 상품을 그 도시에만 쌓아 두고 팔게 만들었던 중세 유럽의 정책.
61 론(Rhone) 강은 스위스 중남부 알프스 산맥에서 발원하여 레망 호를 지나 프랑스로 흘러드는 강.
62 손(Saone) 강은 프랑스 동부 로렌 지방에서 발원하여 리옹에서 론 강과 합류하는 강.

알프스 동부의 이 고갯길이 열린 결과 이탈리아 북부와 독일 남부 지역이 경제적으로 긴밀히 연결되었기 때문이다. 교역로 이동의 또 다른 요인은 헝가리에서의 금광 발견이었다. 이러한 금광 발견은 유럽의 교역 흐름을 완전히 뒤바꾸어 버렸는데, 거의 같은 시기에 투아레그족[64]의 침입으로 사하라 횡단 루트가 막혀 아프리카에서의 금 공급이 중단되었기 때문이다. 그리하여 이탈리아 상인들은 론 계곡[65]을 경유하는 교역에 완전히 등을 돌리고 헝가리 교역으로 관심을 돌렸다. 공간적 근접성이란 이점을 활용해서 레겐스부르크와 뉘른베르크 상인들도 헝가리 교역에 참여했으며, 이들은 직물과 아마포, 능직면포(면과 모의 혼합 직물)를 가져가 금과 교환했다. 남부의 고지독일과 북부 이탈리아의 긴밀한 교역관계는 하나의 교역 체제를 낳았는 바, 그 중심에 프랑크푸르트 정기시가 있었다. 이미 14세기가 되면 남부 독일, 특히 뉘른베르크 상인들이 한자의 교역 공간에 진출하며, 15세기가 되면 이들이 심각한 경쟁세력으로 부상한다. 그럴 것이 당시에는 안트베르펜의 역할 증대로 인해 브뤼주의 한자 하적장이 중요성을 상실했기 때문이다.

    이탈리아 상인들의 육상 교역로가 론 계곡에서 남부 독일 및 라인 계곡으로 옮겨지던 시기에 이탈리아 해항도시 베니스와 제노바는 해로를 통해 브뤼주 및 잉글랜드(특히 사우샘프턴)와 직접 교역했다. 그리고 제노바 인들이 (소아시아의) 포카에아[66]에서 명반[67] 광산을 인수한 이후로는 이 해로

---

[63] 브레네르(Brener) 고개는 알프스 산맥의 고개 중 하나로, 오늘날 오스트리아와 이탈리아 국경에 있는 이 고개는 중세 유럽의 중요한 상업 루트 중 하나였다.
[64] 사하라 사막에서 가장 많은 인구가 많은 유목민.
[65] 론 강 상류의 산악 지역을 지칭한다.
[66] 고대 소아시아에 그리스인들이 세운 도시이며, 오늘날 터키 영토에 속하는 이곳에 포카라는 도시가 남아 있다.

를 통해 갤리선[68]이 정기적으로 운항했다. 당시 플랑드르와 브라반트[69] 및 잉글랜드에서 발전한 방직산업은 매염제[70]로 쓰일 막대한 양의 명반을 필요로 했으며, 따라서 갤리선의 정기 운항에는 채산성이 있었던 것이다. 이러한 갤리선에 의해 제노바 상인들은 북부로 상품을 운반했으며, 그 결과 (정기시가 열렸던 샹파뉴에 비해 두 배의 거리를 우회해야 했던) 브뤼주가 알프스 이북 유럽에서 교역 중심지로 부상했다.

13세기 후반에는 발트해 지역에서도 해상무역의 조건이 비스비에 불리하게 변했다. 러시아와 리보니아로 향하는 선박들은 더 이상 고틀란드의 항구도시인 비스비를 경유할 필요가 없었다. 과거보다 대형화된 선박 덕분에 넓은 바다로도 운항할 수 있었고, 욀란드[71]를 지나 고틀란드 북단을 경유해서 북방으로 향하는 옛 항로를 고수하는 사람들도 더 이상 비스비는 거칠 필요가 없었던 것이다. 비스비는 주요 환적장으로서의 기능을 상실했다. 게다가 새로운 도시 경제 체제에서는 영향력을 행사할 수 있는 분명한 영역이 중요했는데—예컨대 뒤나 지역을 끼고 있는 리가와 달리—비스비에는 상품을 교역할 수 있는 이런 배후지가 결여되어 있었다. 이제 러시아 교역은 점차 (새로운) 교역로를 지배하는 레발이나 도르파트, 리가와 같은 도시들에 의해 장악되었다.

이 새로운 체제에서 승자로 부상한 것은 뤼베크 및 여타 벤드 도시들이

---

67 백반이라고도 불리며, 의약품(소화제), 직물(매염제), 설탕, 종이, 염료 등의 제조를 비롯해 다양한 용도로 쓰이는 물질.
68 양 옆에 많은 노로 움직이는 거대한 항해선.
69 오늘날 벨기에 중북부에서 네덜란드 남부에 이르는 지역.
70 섬유와 친화력이 없는 염료와 섬유를 결합시키는 기능을 가진 물질.
71 오늘날 스웨덴 령에 속하는 발트해의 섬 지역.

었다. 원격지 교역의 시대에 이들 도시는 주로 중계무역의 환적장소였던 반면, 이제는 동서무역의 집하장소가 되었고 이를 통해 핵심적인 중개 기능을 행사하게 되었다. 이 점은 13세기에 이들 도시에서 상품 보관 역량이 엄청나게 확대된 사실에서 드러난다. 해외교역에서의 이러한 중개 기능, 즉 기초식량인 청어를 보관할 거대 공간을 조달하는 핵심적 기능과 13세기의 후반부터 주어진—해로에 의해 발트해 공간의 상품을 서부로 (그리고 반대 방향으로) 직접 수송할 수 있는—선적항으로서의 기능이야말로 한자 조직에서 이들 도시가 가졌던 핵심적 중요성을 이해할 수 있는 열쇠이다. '원거리 상인들의 정착화'가 이뤄진 결과, 교역은 점차로 교역경제적인 소수 교외지에 집중되었다. 그리고 이런 집중화로 인해—12~13세기에 관찰할 수 있듯—원거리 교역에 거의 동등한 권한을 갖고 참여하는 도시들이 넓은 지역에 걸쳐 분포되었던 현상이 14세기가 흐르는 동안, 그리고 15세기에는 궁극적으로 사라졌다.

13세기 말경에는 전성기 중세의 호황기가 종말을 고했다. 인구도 정체되었다. 그렇지만 1315~17년 프랑스에서부터 발트해 연안 국가에 이르는 영역을 휩쓸었던 기근은 장기적으로 보면 인구 규모에 영향을 끼치지 않았던 것 같다. 세 차례에 걸쳐 페스트가 창궐한 1349~1370년에는 유럽 인구의 삼분의 일 내지 절반 정도가 목숨을 잃는 극단적 인구 축소가 일어났으며, 이는 유럽 경제 구조의 결정적 전환, 이른바 '후기 중세의 농업 위기'를 수반했다. 이런 변화는 초기한자의 원거리 교역—특히 대중적 재화 교역—에 분명 영향을 미쳤지만, 자세한 상황에 관해서는 알려진 것이 없다.

6. 14세기의 상인 합의체와 도시 합의체

상관 공동체의 형성_ 13세기 말~14세기 초 한자 교역의 목적지 국가들에는 저지독일 상인들의 수많은 집단이 있었으며, 대개는 개별 도시의 길드 형태를 취하고 있었다. 그러나 런던의 길드 회관을 예외로 한다면, 이들의 고정된, 즉 지속적 정주지는 아직 없었다. 저지독일 상인들은 노보고로트에서처럼 4개월 내지 6개월의 시한으로 '여름 체류자 Sommersitzer'나 '겨울 체류자 Wintersitzer'가 되어 회관을 이용하거나, 아니면 플랑드르나 노르웨이에서처럼 집회의 권리를 갖지 못했다. 개별 상인 집단은 체재국 '정부'에 의해 때때로 '제국 상단 Einheit der Kaufleute aus dem Reich'이라 총칭되었는데, 이는 한편으로 왕국 상인이라는 시대에 뒤떨어진 법적 지위에 부합하는 명칭이었고, 다른 한편으로 다수 개별 연맹의 자유로운 합의체라는 그들의 법제적 조직형태에 부합하는 명칭이었다.

교외지 활동과 관련된 전체 저지독일 상인들의 공동 특허장은 오로지 노브고로트와 플랑드르에서만 발부되었는데, 노브고로트에서는 특허장이 (구튼 상인들을 포함해서) 전체 상인들에게 오직 1부만 발부되었고, 플랑드르에서는 여러 관여자에게 다수의 특허장이 발부되었다. 14세기 말까지 발부된 잉글랜드의—문헌에서 흔히 인용되는—'한자' 특허장은 런던의 길드 회관 상인들에게만 해당되는 것이었으며, 이런 특허장 외에 계속해서 갱신되는 개별 도시 특허장이 있었다. 스칸디나비아 제국들과 발트해 남부 해안에서는 개별 도시 특허장이 아주 일반적이었다. 하지만 이런 개별 도시 특허장을 애초부터 연대의식의 결여와 관련시켜서는 안 될 것이다.

그럴 것이 개별도시에 부여된 특권이란 이미 특권을 얻은 개별 연맹의 "추가적 권익 획득"을 뜻하는 것이었지 "도시들 공동체로부터의 이탈"을 뜻하는 것은 아니었기 때문이다(D. Seifert).

노브고로트의 성 베드로 호프는 여전히 상인들의 원격지 교역단이 드나드는 곳이었으며, 뤼베크는 하급 법정을 이곳에 두어—최소한 양피지 문서로 지침을 보내—영향력을 행사했다(성 베드로 호프의 법정에서 실제로 어떤 심리가 열렸다는 기록은 전혀 남아 있지 않다). 뤼베크는 베르겐에서 형성되고 있던 독일 상인 공동체에도 뤼베크의 법이 적용되게 만드는 데 성공했다. 쇼넨에서도 마찬가지였는 바, 이곳에서는 발트해 연안 도시들이 받는 특허장에서 뤼베크의 법을 따르도록 명시되었다. 이런 맥락에서 발트해 공간이 뤼베크에 의해 장악된 지역이었다면, 14세기 초 서부에서는 정주지들의 자주성이 강화되었다. 브뤼주와 플랑드르의 저지독일 상인들은 1309년에 최초로 획득한 공동 특허장에 의해 무엇보다 집회권을 허락받았으며, 이로써 이들의 협력 관계는 더욱 힘을 얻었다. 그렇지만 서부에서는 법제가 상당히 세분화되고 훨씬 더 안정화된 결과—'거친 동부'에서 형성된 것과 같은—일반 상인법이 형성되기가 어려워졌다. 그래서 상인들은 분쟁이 일어날 경우 각자의 고향도시의 법에 따라 조정을 구했으며, 이로 인해 뤼베크의 영향력은 발트해 지역에서만큼 강력할 수가 없었다.

14세기 전반 브뤼주와 베르겐의 외국정주지에도 지속적인 상관 공동체가 형성되고 1358년 도시들의 동맹이 '독일 한자dudesche hense'라는 개념으로 스스로를 지칭하기 시작했다는 점은 제도화가 상당히 진척되었다는 표시이다. 노브고로트에서는 개개 원격지 교역단의 정주가 여전히 한시적으로만 허용되었지만 이미 12~13세기 전환기 이래로 상인들에게 집회권이 승인되었다. 또한 여타 정주지에서는 재판권이 체재국 법정에 귀속되었던 반면, 노브고로트의 정주지에서는 상인 공동체의 장로에게 재판을 집행할 권한이 있었다. 런던의 슈탈 호프 역시 이런 특별 규정의 적용을 받았다. 즉 이곳에는 15세기 말까지 두 명의 장로가 있었는데, 한 명은 런던 시의원 중에서 선출된 잉글랜드인이었고, 다른 한 명은 슈탈 호프의 상인들이 선출한 '상관 내부인'이었다. 이러한 잉글랜드 장로직의 폐지는 잉글랜드인들이 한자 상인들에 맞서 취한 조처들 중 하나였으며, 이로 인해 전통적으로 상관과 도시 및 왕국 관헌 사이에 유지되었던 긴밀한 관계가 소멸되었다. 베르겐에서는 1343년 왕의 특허장 재가를 통해 독일인들의 집회권이 보장되었으며, 브뤼주의 저지독일 상인들은 1309년 이런 권리를 얻었다. 네 곳의 상관 중 유일하게 독자적 건물이 없었던(상인들은 카르멜 교단의 수도원 식당에서 모임을 가졌다) 브뤼주의 상관은 1347년 법령을 제정했으며, 1356년 도시 동맹의 시의회 대표단이 이 문제에 개입하게 되었다. 뤼베크에서 개최된 시의회 대표단의 예비모임은 흔히 최초의 한자 총회로 간주되곤 하지만, 1358년의 집회를 최초로 간주하는 견해도 있다. 전통적 견해에서는 당시의 이런 절차가 상관을 도시들에 종속시키는 과정으로서 이해되어 왔지만, 최근 들어 이런 견해가 의문시되고 있다. 1356년 확립된 법규에서—전승된 문헌에서는 최초로—3개 지역의 구분이 언급되며, 이런 구분은 후일 한자도시들을 분류할 때도 활용되었다. 3개 지역이란 벤드-작센 지역, 베스트팔렌-프로이센 지역, 고틀란드-리보니아-스웨덴 지역이었는데, 이렇게 지역을 나눈 것은 상인들의 합의 도출 과정에서 발생할 수 있는 문제를 방지하기 위해서였던 듯하다. 즉 소수의 상인들만 집회에 참석할 경우 특정 개별 연맹에만 유리하고 여타 개별 연맹에는 불리한 결정이 내려질 수 있었던 것이다. 이 새로운 법규에 의해 3개 지역에 각기 2명의 장로와 6명의 위원이 배정되었으며, 이렇게 해서 상인 위원회는 총 24명으로 구성되었다. 이 위원회는 모든 결의에서 대규모 개별연맹들의 이익이 적절히 대변되고 그렇게 하여 공동 의지가 형성되게 하는 것을 목적으로 했다(E. Pitz).

모든 상관에는 자체 인장과 법원 및 세금 징수처Kasse가 있었다. 그러나 15세기 후반 이후 교역 활동에서 근본적인 변화가 일어나자 원격지 교역단 시대에서 유래한 엄격한 공동생활 통제는 흔들리기 시작했고 다수 상인들이 상관의 엄격한 통제를 기피하기 시작했다. 그러나 다른 한편으로, 이런 엄격한 통제가 있었기에 교역계약에서 발생한 상인들의 의무 실행 여부를 감독하여 한자에 대한 체재국 관헌의 항의를 적절히 방지할 수 있었다.

플랑드르와의 갈등과 독일 한자의 탄생

14세기 전반에는 근본조건의 변화에 따른 경제적 압박으로 인해 외국교역에서의 공동 이익에 대한 의식이 강화되었던 것 같다. 1343년에는 벤드 도시들과 독일 한자의 모든 상인들이 노르웨이 왕의 특허장을 받았으며, 1365년에는 분규에 관련된 모든 (거명된) 도시들과 "독일 한자라 불리는 공동의 법에 따르는 모든 도시들"이 합의된 평화안을 준수해야 한다는 점이 덴마크의 왕 발데마르의 특허장에서 명시되었다. 즉 전쟁을 치렀던 중소규모 도시 집단과 '독일 한자'라 불리는 공동의 법에 따라 조직된 더 큰 규모의 도시 집단이 분명하게 구분되었던 것이다.

한자가 더욱 확고한 조직 형태를 갖추게 되는 과정에서는 1358~60년의 플랑드르 봉쇄가 결정적 계기로 작용했을 것이다(Th. Behrmann). 당시 고스라르와 브라운슈바이크, 엘빙 및 토른의 시의회 대표단 파견으로 그 권역이 더욱 확장된 벤드 도시들은 여타 도시들에 결의사항을 전달했으며, 이렇게 해서 반세기 이상 유지된 조직 형태에 협의 및 의결 구조가 첨가되었다. 이러한 한자 총회의 의사록(의결 회의록)은 뤼베크의 시의회 의원이었던 베른트 올덴보르히Bernd Oldenborch에게 송부되었는데, 그는 여러 도시의 대표로서 협상을 위해 플랑드르에 머물고 있었다. 의사록과 편지에는 완전한 한자 용어가 처음으로 등장한다. 즉 이들 서류에서 '독일 한자의 도시들steden van der dudeschen hense'이란 말이 등장하며 의사록의 거의 모든 조항에서 '한자'라는 개념이 사용되었다. 물론 과거에도 '독일 한자dudesche hanse'라는 용어가 때때로 사용되었지만 아주 드문 편이었으며 대개는 (잉글랜드 왕과 노르웨이 왕이) 외국인 일반을 지칭하는 말이었다. 한자 상인들을 지칭하는 용어로는 일반적으로—13세기의 조직 형태에 부응해서—'제국 상인mercatores imperii', '상인 조합gemene kopman' 혹은—나중에 등장하는 말로서—'해역 도시들civitates maritimae'이 사용되었다.

우리는 1358년의 유례없는 상황을 눈앞에 그려야 하지, 기지의 사실 때문에 선입견에 사로잡혀서는 안 된다. 당시 플랑드르 교역에 관심이 있었던 도시들의 시의원들은, 알프스 이북 유럽에서 경제적으로 가장 강력한 지역이었던 플랑드르에 대해 전면적인 육상 및 해상 교역 금지를 결의했다. 이러한 조치는 공국령을 포함한 모든 귀족령을 겨냥한 것이었다. 교역 금지 조치를 관철시키기 위해서는 광범위한 도시들의 참여가 필요했을 뿐 아니라 동참한 도시들의 결속력을 나타내 줄 개념도 필요했다. 이 개념은

'독일 한자'에서 발견되었는 바, 이때부터 이 말은 독자적 명칭으로, 슬로건으로, 정치적 선전 용어로 사용되기 시작했다(Th. Behrmann). 이러한 정치적 선전은 내부 결속을 위한 것이었을 뿐 아니라 플랑드르 도시들 및 귀족들에 대해 적수의 응집력을 과시하기 위한 것이기도 했다.

국가 간 교역에서 이런 개념은 새로운 것이었다. 1359년 협상을 위해 뤼베크로 찾아온 플랑드르 사절단의 신임장을 보면 서부인들은 협상 상대자들을 어떻게 지칭해야 할 지 알지 못했음이 드러난다. "상인들의 총회…" 아니면 "상인들의 외교 사절…"과 같은 말만 등장하기 때문이다. 그러나 이미 1360년이 되면 "독일 한자 상인들의 도시"라는 언급이 등장하고 있다. 이런 현상의 기저에서 우리는, 서부 유럽의 법제적 사고방식으로는 독일 한자를 도시들의 자율적 합의체―이들 도시는 법률상 도시귀족의 지배 아래 있었지만, 사실상 영주들은 이런 도시에서 아무 발언권이 없었다―로 분류하기가 어려웠던 당시의 사정을 읽어낼 수 있다.

'독일 한자'라는 개념이 생겨난 문맥과 플랑드르 봉쇄가 계획되고 실행된 외교·정치적 방식을 살펴보면, 한자가 실제로는 1358년에 창설된 것이 아니라는 점도 확인할 수 있다. 실상은 오래 전부터 존재한 도시 동맹의 합의체가 현실적 사건에 맞닥뜨리자 대내·대외적으로 자신들의 (사실은 허약한) 결속을 강조하기 위해 공동의 명칭을 선택한 것이라고 보는 것이 옳다. 이런 견해가 합당하다는 점은 베르만Th. Behrmann의 연구에 의해서도 뒷받침되었는데, 그는 외국에서 한자 상인들과 도시들을 지칭했던 용어, 특히 1358년과 달리 그다지 결속이 강조되지 않았던 경우들에서 그런 용어들을 조사했다. 서부 유럽, 즉 잉글랜드와 플랑드르, 부르군트 및 서부 네덜란드 지역에서는 한자 상인들이 '에스터링게스esterlinges', '오스터링게스oosterlinges', '스테르링기sterlingi', '오스텔린스Ostelins', '아우스트렐린스 Austrelins' 등으로 불렸는 바, 이 말들은 '동쪽에서 온 상인'들을 가리켰고, 이때 동쪽이란 이미 프리슬란트의 동부에서부터 시작되는 공간을 가리켰다. 이와 달리, 북부 나라들에서는 한자 상인들이—관습화된 길드 개념에 따라—'한자 회원들hensebrodere'이라 불렸다. 그에 반해, '한자Hansa', '한자 도시들citees of the Hansze', '독일 한자Hansia Almanie' 등의 명칭은 거의 전적으로 외교·정치적 맥락에서만 사용되었다. 요컨대 구어적 표현('동쪽에서 온 사람들esterlinges')과 문어적 표현('한자Hansa', '독일 상인들mercatores Almanie')이라는 두 가지 상이한 명칭이—특히 15세기 잉글랜드에서—사용되었던 것이다.

전승된 문헌을 보면, 외국의 저지독일 상인들이 스스로를 지칭하는 방식도 유사했음을 알 수 있다. 이들에게 중요한 것은 가족이나 자신이 시민으로 속한 도시 혹은 외국 정주지(브뤼주, 베르겐, 슬루이스[72] 혹은 린[73])의 지역 상인 조합이었지, 추상적이며 눈에 보이지도 않는 제도인 한자가 아니었다. 한자라는 추상적 개념을 중시한 사람들은 저지독일 상인들의 정치적 대표자들, 즉 상관 장로들이었으며, 이들은 상인들의 결속을 강조하거나 지역 통치권자에게 청원을 하거나 특허장의 공유를 요청하는 여행 상인의 한자 회원 여부를 결정할 때면 언제나 이 개념을 끌어들였다. 도시들조차 문서상으로는 한자도시라고 자칭하는 적이 (거의) 없었던 것으로 보이며—한자의 '수장도시hovestede der hanze'였던 뤼베크도 아주 예외적인 경우에만 이 명칭을 사용했다—, 복수형인 '한자도시들hensestede' 역시 한

---

72 네덜란드 젤란트 지방의 지역 이름.
73 잉글랜드 노퍽 지방의 해항도시.

자도시 전체를 집합적으로 총칭할 때만 사용되었지 개별 도시와 관련된 맥락에서는 사용되는 경우가 없었다. 15세기로의 전환기에 이르러서야 한자도시들의 자기 이해와 표현에서 '한자'라는 개념이 등장한다. 뤼베크의 시의회 연대기에서도 14세기의 마지막 사반세기에 이르기까지 '한자'라는 말은 나타나지 않으며 그저 '도시 동맹menen steden'이나 '해역 도시들steden bi der zee'이란 말만 등장한다.

 이런 사실들에서 분명히 알 수 있듯, 앞서 13세기의 특징으로 강조된 지역적 분리야말로 한자 조직의 근본적 원리였다. 상하의 엄격한 위계조직을 갖춘 배타적 동맹체, 즉 전체 한자 총회와 3개 내지 4개의 지역 구분에 따른 지역 한자 총회라는 조직적 위계, 혹은 교외지와 한자도시들, 한자적 특성을 가진 도시들 그리고 보좌도시들이라는 조직적 위계를 갖춘 동맹체로서의 한자라는 것은 19세기가 낳은 허구였다. 현실의 한자 법제는 더욱 복잡한 동시에 더욱 단순했다. 이제부터 우리는—에른스트 피츠가 방금 제시한 설득력 있는 해석에 근거해서—한자 법제에 관해 알아보도록 하겠다.

III. 한자는 어떻게 조직되었나?

1. 한자의 법제

원격지 교역단에서 시의회 대표단 총회로의 발전_ 상인 합의체의 법제와 관련해서 가장 중대한 분기점을 이룬 것은 13세기 중반 이후로 왕권에 의한 보호지배가 소멸한다는 점이다. 이 시점부터 '상인 조합'은 통치권에 의존하는 동맹, 즉 조합 장로가 왕의 권위에 의지할 수 있었던 그런 동맹이 더 이상 아니었다. 이 시점 이후로 외국 정주지 상인 조합의 장로들은 조합원들이 자율적 선거Kore를 통해 부여하는 권한만을 행사할 수 있었다.

상인들이 정착하고 상인 합의체의 영도적 조합원들이 고향도시의 시의회로 진출함에 따라 이제 외국정주지들에는 원거리 상인의 유력자들이 아니라 좀 더 사소한 부류의 상인들이 몰려들었고 점차로—13세기 후반 이후로 특허장의 특권을 함께 누릴 수 있게 된—상인들의 교역보조원servientes이나 견습상인들socci도 이곳으로 진출했다. 따라서 상인 조합의 안건과 관련된 의결에서 유력 조합원들의 이익을 계속해서 관철시킬 수 있으려면 새로운 길이 모색되어야 했다. 이미 1230년대부터 개별 도시들은 상인 조합을 보호하는 방향으로 협약을 맺었고, 그 후 13세기 후반부터는 두 곳 이상 도시들이 저지독일 상인에 관한 안건을 두고 협약을 맺을 때면 대체로—왕권에 의한 저지독일 상인들의 보호가 종식되기 시작했으므로—도시들에 의한 상인 조합의 보호를 관철시키려 했다. 전승된 최초의 '판결록 arbitrium'—후일 '의사록Rezess'이라 불리게 된 의결 회의록을 당시에는 이렇게 불렀다—은 1264년의 것으로, 당시 뤼베크와 비스마르, 로스토크 시의원들은 비스마르에 모여 뤼베크 법에 따라 생활하는 상인들을 1년 약정으로 보호하기로 합의를 보았다. 이 판결록에는 해적 방지 조치, 상인들의 행동 방식 규정, 시민들에 대한 민사법적 규정이 내용으로 담겨 있었다.

이런 현상은 새로운 시대의 근본원리를 보여주는 것이었다. 여러 도시들이 특정 사안에 이해가 얽혀 있을 경우에는, 이들의 대표단—후일 이들은 '시의회 대표단'이라 불리게 되었다—이 모여 협의를 했고 그 사안에 관해 합의를 도출했다. 이런 대표단들이 (방금 든 예에서처럼 자기 도시들의 시민과 관련된 문제가 아니라) 좀 더 넓은 범위의 문제를 결정할 때는 해당 합의와 조처에서 영향을 받게 될 다른 도시들의 동의 또한 얻어야 했다. 이런 합의 내용들은 점차 문서로 기록되기도 했으며, 1293년 노브고로트의 성 베드로 호프 내 상인법정의 고등법원에서 결의된 내용이 문서화되어 뤼베크로 전해진 것이 그 예이다. 당시 5개 벤드 도시와 이름이 밝혀지지 않은 여러 작센 도시 출신의 대표단들은 상인 조합과 관련된 결정을 내렸다. 로스토크와 비스마르는 결의 내용을 문서화하여 동의를 구하는 편지와 함께 노브고로트 교역에 관여된 도시들에 보냈다. 쾰른에서 레발에 이르기까지 24개 도시가 동의의 답신을 보내왔고, 오스나브뤼크와 리가 및 비스비가 동의를 거부했다. 비스마르와 로스토크 및 슈트랄준트는 시의회 대표단을 보내 결의문 작성에 참여케 했던 도시들인데, 이들 도시가 다시금 문서로 동의를 알려왔다는 점은 당시 도시민들의 동의 또한 필수적이었음을 짐작케 해준다. 이 문제에 대해서는 곧 다시 논하겠다.

시의회 대표단들의 그러한 회합이 어떻게 준비되었는가는 1305년 도시 뤼베크가 오스나브뤼크에 발송한 초대장을 통해 알 수 있다. 이 초대장에는 14세기 말 이래로 이런 유의 문서에서 언제나 나타나는 내용이 이미 포함되어 있다. 그 내용이란 1. 총회에서 결의될 안건 지정, 2. 총회 일시 지정, 3. 전권을 위임받은 사절단을 보내라는 요구 등을 말한다.

즉 도시들은 초청장을 통해 의사일정과 안건에 관한 정보를 얻었으며, 이에 관해 협의를 거친 후 결의 내용에 따라 전권을 위임받은 대표단을 도시들 공동체의 위원회가 주최하는 총회에 파견했다.

한자·저지독일 도시들의 법제_ 전권 위임의 원리를 이해하려면—에른스트 피츠가 사료에 근거해 재구성한—한자·저지독일 도시들의 법제에 관해 간단히 알아볼 필요가 있다. 이런 법제에 따르면 시의회와 시민들의 관계는 법적으로 동등한 관계이다. 합의체 법에 근거한 이러한 관계 규정에 따르면, 합의체의 지도부로 선출된 조합원들은 (로마 보통법에서의 법적 대표자Rechtsfigur와 달리) 합의체로부터 권한 위임을 받은 것도 아니고 합의체를 대표하는 것도 아니며 합의체의 구성원들과 '동등'할 뿐이다. 도시 공동체와 관련시켜 볼 때, 이는 선출직으로 구성된 의원회가 아니라 공동체 자체가 최상위 기관임을 뜻한다. 도시 공동체는—단지 그 규모로 인해—더 이상 전체로서 동원되기가 불가능했지만, 여전히 광범한 권한을 갖고 있어서 공동체의 생활 및 도시 법제의 근본문제를 결정하고, 이와 관련해 최초로 시의회를 설치하고, 또한 한자 총회에 보낼 대표자를 정할 수 있었다. 요컨대 공동체는 자립적이고 근원적인 주도권을 갖고 있었다. 시의회는 공동체의 뜻을 거슬러서 행동할 수 없었으며, 이때 동의는 대개 암묵적으로 표현되었다. 여기서 알 수 있듯, 시의회는 도시 내에서 정부 관헌과 같은 위치에 있지 않았다.

그렇지만 도시의 행정 및 정치 현안을 신속히 처리하기 위해 공동체의 업무는 대개 3개 집단에 분담되었고, 전체 공동체에서 갖는 중요성에 따라 이 집단들에는 등급이 있었다. 첫 번째 집단의 업무는 시장 혼자 결정할 수 있는 것이었다. 시민 합의체와 관련된 중요 사안의 경우에는 시의원 전체에 의해 합의된 결정만이 공동체의 의지로 간주되었다. 그와 달리, "심각하고 중대한 사안negotia ardua et magna"(Lübeck/Hamburg 1340)을 결정할 때는 수공업자들을 포함한 공동체 전체가 협의에 참여해야 했다. 이때 심각하고 중대한 사안이란 공동체가 법적 권리 측면에서 침해를 받거나 시민과 주민들이 재산상의 침해를 받는 경우, 더 나아가 동맹이나 전쟁, 주화 및 화폐 주조 등에 관해 결정해야 하는 경우 등을 가리켰다.

피츠는 시민의 정치 참여 가능성을 상당히 중요하게 여기고 있다. 그렇지만 중저지독일의 도시들뿐 아니라 후기 중세의 정치 이론 및 법 이론에서도 코뮌의 법제는 시의회의 선출 및 중요 사안에서 민중의 참여에 의존하고 있었다. 14세기에 가장 중요한 법률가였던 바르톨루스 폰 삭소페라토(1350년 사망)는 이를 간명한 공식으로 표현한 바 있다. "시의회는 민중의 의지를 대변한다consilium repraesentat mentem populi." 그리고 바르톨루스가 쓴 요약주석서에서도 피츠가 말하는 '심각하고 중대한 사안'의 거의 모든 경우가 거론되고 있다(U. Meier).

한자 총회_ 앞서 언급한 초청장에 관해 다시 논의해보자. 한자 총회의 의의와 목적은, 특정 사안과 관련해서 한자 공동체의 출석 도시들로부터 합의를 도출하는 데 있었다. 그러므로 해당 사안과 관련해 개별 도시들은 각기 먼저 도시 내 합의를 형성해야 했다. 따라서 사안이 앞서 언급한 세 가지 등급 중 어디 속하는가에 따라, 시의회는 도시의 상인 조합, 그리고 심각하고 중대한 사안이 다뤄질 때는 관헌 및 '일반시민Meinheiten'[1]의 대표자들도 협의에 참석시킬 필요가 있었다. 도시 공동체로부터 동의를 얻은 후에야 시의회는 해당 사안과 관련해 권한을 위임 받고 시장이나 시의원들을 전권 위임 대표단으로서 총회에 파견할 수 있었다. 당연한 사실이지만, 개별 시의회가 고향도시에서 권한을 위임 받지 않은 문제와 관련해

---

[1] 'Meinheiten'은 중세 및 근세 초의 독일 도시에서 시민 전체를 지칭하는 개념이었으나 지역에 따라서는 조합이나 길드, 동맹 등에 속하지 않은 일반 시민을 가리키는 경우도 있었다.

서는 도시 동맹의 총회에서 전권을 행사할 수 없었다.

총회에 참석한 시의회 대표단은 자기 도시에서 합의된 사항이 도시 동맹의 의결 과정에 어느 정도까지 반영될 수 있는지 판가름하고 자신들의 전권을 넘어서기에 고향도시에서 다시 협의를 거쳐야 할 문제들이 어떤 것인지 판단해야 했다. 이러한 '최종결정권자의 승인을 조건으로 하는 잠정성 Ad-referendum'의 방식은 적지 않은 경우에 합의 내용의 파기를 낳았지만—한자의 추진력을 강화하려는 많은 시도가 있었음에도 불구하고—결코 처벌의 대상이 되지 않았다. 그와 달리, 대표단이 늦게 도착하거나 폐회 전에 떠나거나 아예 불참하여 합의 도출에 지장을 주는 경우에는 금화 1마르크의 벌금이 부과되었다. 이런 방침은 그 어떤 도시 공동체도 포기할 수 없는 저지독일 도시 법제의 기초 요소라는 점은 누구나 알고 있었다.

한자·저지독일 합의체가 부여한 전권은, 한자도시 공동체의 동의 아래 의석에 오른 모든 시의원이 일반적으로 갖는 권한이었다. 이 점에서 이러한 전권은, 특정 목적과 결부되어 있으며 임의로 제한할 수 있는 '권한 Mandat', 즉 보통법에서 명령이나 증서에 의해 주어지는 권한과 구별된다. 그러나 이러한 전권은 일반적 권한이었기 때문에 의회 대표단에게 구두로 부여될 뿐 위임장의 형태로 전달되지는 않았다. 다만 외국에 아직 알려지지 않은 신입들은 도시인장이 찍힌 종이나 신임장을 지참했다. 하지만 이런 것들은 그저 상징일 뿐 전권위임장은 아니었다. 도시 인장이 찍힌 종이나 신임장은 이를 지참한 사람이 인장 관리자와 동등한 권한을 가진 사람임을 밝혀주는 기능을 했다. 따라서 여기서는—로마 보통법에서 이미 등장했으며 15세기 잉글랜드에서 널리 실행된—형식적 전권 위임과 명령 내용의 분리가 나타나지 않는다.

합의 형성 과정_ 전승된 의사록을 통해서는 합의 형성 과정에 관해 많은 정보를 얻을 수 없다. 업무 절차는 널리 알려져 있어서 굳이 문서로 남길 이유가 없었기 때문이다. 근소한 자료에 근거해 추론해 본다면, 주최 도시의 시장이 총회 의장을 맡고서 그때그때 발언권을 부여했으며 합의로 도출된 의견을 명문화해서 말하면 필경사들이 이를 의결 내용으로 삼아 의사록을 작성했다.

한자 총회의 의결은 투표권에 근거하지 않았다. 투표는 허용되지도 않았고 필요하지도 않았다. 의장이 시의회 대표단 전원의 완전한 합의를 확인할 때만 어떤 사안에 관해 의결이 이뤄졌다. 시장이 논의 결과를 요약해서 필경사로 하여금 의사록에 받아쓰게 한 문구에 대해 아무런 반론도 제기되지 않으며 의결은 완수되었다. 개별 도시의 행정 및 정치에서든 한자 총회에서든, 한자·저지독일 합의체법 및 도시법에 근거하는 동맹 및 그 합의 형성 과정에서는 암묵적 용인과 허용이 기본 형식이었고, 이것이 능동적 행위이자 유일한 의결 형식으로 이해되었다. 투표가 아니라 이의 없는 합의가 도시 법제는 물론 한자 법제의 근간이었다.

물론 합의체법에는 소수자들의 복종의무도 명문화되어 있었다. 그에 따르면 협의 과정에서 소수 의견을 내세운 조합원들, 즉 소수자들도 결과에 복종하여 합의 내용이 실행될 수 있도록 해야 했다. 이미 덴마크와 전쟁 중이던 1369년 벤드 도시들은 다음과 같은 결의를 내놓았다. "대다수 사람이 가장 좋고 유용한 것이라 결정한 사항은 다른 사람도 따라야 한다." 충분히 상상할 수 있겠지만, 일부 시의회 대표단은—사태의 긴박함과 집단적 압박에 눌려—암묵적으로 의결 내용에 찬동했지만, 얼마 후 이들의 고향도시에서 이 결의가 거부되곤 했다.

시급히 처리할 과제가 많을 때면 시의회 대표단들의 총회가 다수의 위원회를 조직했다. 이때 특정 도시들은 다른 도시들을 대신해 특정 사안을 처리하도록 전권을 위임받았다. 예를 들어, 4개 도시, 5개 도시, 혹은 다수 도시 법정이 설치되어 판사로 임명된 시의회 대표단들에게 분쟁 조정이 위임되기도 했으며, 다수 도시 위원회가 꾸려져서 상인 조합이 특정 상황에서 외국과 빚고 있는 문제를 처리하도록 위임받기도 했다. 또한 1450년 9월 21일 뤼베크에서 개최된 총회에서는 잉글랜드와의 마찰을 처리하는 문제가 최소한 9개 도시에 위임되었다. 위원회에 속한 도시들은 위임된 사안을 처리하기 위해 공동으로 전력을 기울였다.

총회 의사록에 등재된 의결 내용은 공시를 거쳐야만 확정력(기판력) Rechtskraft을 획득할 수 있었다. 의결 내용은 개별 도시의 도시법에 수용될 때만 효력을 가졌는 바, 도시법만이 상인들에게 서약동맹적 형벌권을 행사하여 그 내용의 준수를 강제할 수 있었기 때문이다. 이런 권한을 가진 전체 한자의 서약동맹체란 것은 존재하지 않았다. 개별 도시에서의 공시가 필수적이었던 점은, 의사록이 입법적 증서 형태를 갖지 않고 기억에 의존해 기록된 메모 형태를 취했던 이유이기도 하다. 이런 메모의 공적 신뢰성은, 이것이 한자 총회 동안 공개적으로 기록되었다는 점과 여기 참석한 시의원들이 증언할 수 있다는 점에 근거했다. 의결 내용은 두 가지 방식으로 상인 조합에 공시되었다. 첫째로 브뤼주, 런던, 베르겐 혹은 노브고로트에서는 장로에 의해 공시가 이뤄졌다. 즉 이들 도시에서는 집회에 참석한 상인들 앞에서의 낭독에 의해 의결 내용이 확정력을 갖게 되었다. 둘째로는 개별 도시들의 시의회와 '부르스프라켄Burspraken'[2]에 의해 공시가 이뤄졌다. 시의원들은 때때로 이미 한자 총회의 의사록 작성 과정에서 이 방식의 공시를 명문화할 것을 요구하기도 했다. 장기적 효력을 갖는 여타 주요 조례들을 시의원들은 연례 부르스프라켄의 확정 항목에 포함시킬 수 있었다. 하지만—이미 우리가 알고 있듯—개별 도시는 자기들에게 유리한가, 불리한가의 관점에서 총회 의사록, 즉 의결 회의록을 검토할 수밖에 없었으며, 만약 후자의 경우라면 시의원들은 공시에 의해 시민서약과 의원서약을 위반하는 셈이 되었다. 따라서 어떤 의결 사항이 모든 한자도시에서 확정력을 가질 가능성이란 "지극히 낮았다. 어떤 의결 사항이 대다수 한자도시에서 확정력을 가질 가능성은 그보다 높았으며, 그저 다수 한자도시에서 확정력을 가질 가능성은 그보다도 높았고, 일부 도시들에서만 이런 목표에 도달한 가능성이 가장 높았다."

그렇지만 이런 가능성은 본질적으로 의결 사항의 내용에 좌우되었다. 교역법과 사업법에 관한 의결 사항, 선박법과 항해법, 결사법, 혼인 관련 재산법에 관한 의결 사항, 그리고 무엇보다 상인들의 낡은 시장법 및 유통법을 중세적인 공동 교역법 및 민사법으로 발전시키는 작업에 관련된 모든 의결 사항은 일반적인 동의를 얻을 가능성이 가장 높았다. 그러나 정치 생활과 그 법제적 정비와 관련이 높은 사안일수록 다수 한자도시들에서 확정력을 가질 가능성이 낮았다.

행위 공동체로서의 한자 합의체_ 원격지 교역단 내에 장로로 선출

---

2 중세에 주로 북부 독일의 도시들에서 개최되었던 시민 집회를 가리키며 때로는 여기서 공시된 훈령이나 칙령을 지칭한다.

되기를 요구할 수 있는 권한이 존재하지 않았듯, 도시 동맹에서 대표직을 요구할 수 있는 권한이란 존재하지 않았다. 특정 사안을 독일 상인 공동체의 명의로 처리하고 끝까지 책임지는 것은, 그 사안과 가장 관계가 깊은 도시 공동체에 주어지는 의무였다(뤼베크의 특별한 역할에 관해서는 나중에 다시 논하겠다).

해당 도시가 방안을 기획하면, 곧바로 앞서 말한 의결 과정이 시작되었다. 이 도시가 발의한 방안이 공동체의 합의사항으로 결정될 수 있으려면 도시들 공동체의 찬동을 얻어야만 했다. 동맹 체결이나 전쟁 수행과 연관되거나 비용이 많이 드는 정치적 사안에서는 이런 의결 과정에 얼마나 어려움이 많았을지 쉽게 짐작할 수 있을 것이다. 그처럼 심각하고 중대한 사안에서는—앞서 설명했듯—전체 도시 공동체의 찬동이 필수적이었기 때문이다. 그렇지만 만약 전체 도시 동맹의 지지를 얻는다면, 이는 해당 도시에 전권이 위임됨을 의미할 뿐 아니라 찬동한 도시들에 복종의무가 주어진다는 것도 의미했다. 즉 그렇게 되면 해당 도시가 그 사안에서 여타 도시들을 대행하는 전권을 쥐게 되었고, 다른 도시들은 그 도시가 제시한 방안에 따라야 했다. 하지만 이러한 복종의무는 제한적이었다. 첫째로, 그 어떤 도시도 자체 도시법과 모순되는 활동을 수행할 의무가 없었다. 시의회는 자체 도시 공동체로부터 권한 내지 전권을 얻는 것이었기 때문이다. 둘째로, 전권과 복종의무는 오직 해당 사안에만 국한되어 효력을 가졌다. 즉 전권과 복종의무는 상설 관직과 연결되거나 영구적, 심지어 무조건적 복종의무의 성격을 가질 수 있는 것이 아니었다. 다시 말해, 급작스런 문제가 발생하면 선거는 다시 치러져야 했으며, 도시들의 이해관계가 상이했기 때문에 찬동하는 도시들이 매번 달라졌다. 이러한 행동 방침은 이미

13세기 말부터 관찰되며, 따라서 한자 합의체의 구조는 '독일 한자도시들'이라는 명칭이 최초로 사용된 시점보다 반세기 이상 앞서 확정되어 있었다.

'수장'과 '수장들': 한자에서 뤼베크의 지위 이제 이러한 구조 내에서 도시 뤼베크가 수행한 특별한 역할에 관해 알아보자. 13세기 후반 이후로 도시 동맹 내에서는 뤼베크의 역할이 점점 더 두드러졌다. 이런 현상은 신성 로마 제국 북부의 제국도시[3]로서 이 도시가 누렸던 자립적 위상에 기인한 것이자 교역에 유리한 그 지리적 위상에 기인한 것이기도 한 바, 그러한 지리적 중요성은 당대 경제 및 교역 구조에서 나타난 변화로 인해 더욱 증대했다(81쪽 이하를 참고할 것). 노브고로트와 플랑드르 사이에 놓인 저지독일 상인들의 교역 공간 내에서 뤼베크 상인들을 만날 수 없는 외국시장은 거의 없었다. 뤼베크의 상인들과 시의회 대표단은 자기 도시는 물론 상인 조합 전체를 위해 교역로 특허장 및 호송 특허장을 획득했다. 또한 이 도시의 사절단이 플랑드르에서 활동했으며, 고틀란드 조합이 획득한 특허장이 이 도시의 문서보관소에 보관되었다. 그러나 무엇보다 쇼넨의 시장, 즉 뤼베크인들이 전체 저지독일 상인들 중 최초로 교역 특허장을 획득한 곳이기도 한 스웨덴 남부의 시장에서 이 도시가 벤드 도시들(이들은 뤼베크의 방식을 좇아 이곳에서 특허장을 획득했다)에 대해 갖는 중요성은 과소평가할 수 없는 것이었다. 또한 일단 획득한 특허장을 유지하거나 확대시키는 것도 중요했으며, 이런 작업에서도 가장 이해관계가 많은 지역 동맹인 뤼베크가 가장 앞장섰다. 하지만 뤼베크는 단독으로 행

---

[3] 중세 신성 로마 제국에서 황제 내지 독일 왕의 직접 통치만을 받던 자치 도시들을 지칭한다.

동하지는 않았고—지역성Regionalität이라는 중세 원리를 준수하여—벤드 지방 도시들과 협력을 유지했다. 이들 도시와 함께 뤼베크는 우선 발트해 영역에서 상인들의 보호지배를 맡게 되었다(앞서 언급된 1265년의 계약을 참고할 것). 함부르크와 그라이프스발트 사이에 위치한 (후일 '벤드 지역 한자도시들'이라 불리게 된) 이 도시 집단은 1278년 이후로 '해역 도시들'이라 총칭되었다. 하지만 이 도시들은 1343년에 이르러서야 스스로를 독일 한자의 상인 공동체로 인식하기 시작했으며, 이는 합의에 기초한 공동 활동을 수행함에도 불구하고 다른 부분 동맹에 속하는 도시들과 일체감을 형성하기까지 기나긴 시간이 걸렸음을 보여준다.

뤼베크인들은 대표직책에 빈번히 선출되었지만 합의체법에 근거할 때 상인들이나 도시들에 대한 지배권 내지 우위를 인정받을 수는 없었다. 다만 뤼베크인들은 매사에 솔선수범을 보임으로써 명성과 권위는 얻을 수 있었다. 사안과 시간 면에서 제약이 있는 전권을 재차 획득하기 위해 뤼베크인들은 보호세력으로 자처하며 노력을 기울일 수밖에 없었다. 그리고 이런 노력이 있었기에 점점 더 많은 도시들이 기꺼이 뤼베크인들에게 권력을 내주었고 이런 권한 부여는 날이 갈수록 빈번해졌다. 뤼베크가 누렸던 지위는 통계에서도 분명하게 확인된다. 1356년과 1407년 사이에 개최되고 뤼베크가 소집을 원했으며 최소 2개 도시 집단의 대표자들이 참석한 한자 총회는 모두 67회인데, 이 중 43회가 뤼베크에서 개최되었다(V. Henn).

에른스트 피츠는 이러한 조직상의 특징을 아주 적절하게 표현한 바 있다. "한자에는 수장들은 있으나 수하 조직들은 없었다." 이런 이유에서 뤼베크의 주도권 요구에는 이의가 없지 않았다. 무엇보다 쾰른이 때때로 뤼베크와 주도권을 두고 다툼을 벌였다. 다른 한편, 합의 가능성은 충분히 열려 있어서 예컨대 독일 기사단 단장Hofmeister이—저지독일의 도시들과는 전혀 다른 특색을 가진—귀족주의적 서부 왕국들에서 저지독일 상인들을 대표하기도 했다. 14세기 잉글랜드 문헌에서는 독일 기사단 단장이 심지어 한자의 수장이라 표현되고 있기도 하다.

다수 수장의 원리는 이 도시 동맹에 공동의 사무국이나 공동의 인장이 없었던 이유이기도 하다. 한자 총회에서 요구되는 사무국 업무는 그때그때 주최 도시의 사무국이 전담했으며, 이 도시의 인장이 총회에서 발송하는 서한의 공증과 봉인에 사용되었다. 이러한 원리는 합의체 사상의 한 가지 본질적 요소에 근거한 것으로, 그 요소란 재산과 권력의 차이를 불문하고 조합원과 부분 동맹의 법적 평등함을 확립하려는 입장을 가리킨다.

실행력 있는 법제의 추구_ 그렇지만 뤼베크인들은 상인 조합의 당면 문제에 빈번히 개입하여 이를 처리했으며, 이 때문에 상인 조합의 핵심적 지역 동맹(즉 벤드 도시들의 동맹)의 수장 뿐 아니라 동맹 전체의 수장이란 위치에 올랐다. 이 점은 14세기 후반에 분명해지는 바, 당시의 정치적·경제적 위기 상황 속에서 명백해진 점은, 도시 동맹의 의결 과정이 무엇보다 전쟁 시기의 현안 처리를 감당하지 못한다는 사실이다. 이 시기에 뤼베크는 좀 더 강력한 실행력의 획득이란 목표를 제시했다.

이런 목표는 결국 달성되지 못했지만, 중요한 시도들은 분명 있었으며 이를 간단히 살펴보면 다음과 같다. 먼저 1369년 도시 동맹은 시의회 사절단의 전권 및 이들의 철회권Retraktrecht(의결을 최종결정권자의 승인을 조건으로 해서 잠정적으로만 인정할 수 있는 권리)과 결부된 문제점을 분명히 인지했다(이에 관해서는 97쪽 이하를 참고할 것). (늦어도) 1418년 도시 동맹은 공동 위원회(시의회 대표단 집회)에 대한 개별 도시들의 참여 규칙을 확정했다. 1441년에는 초청장에 처벌 문구가 첨가되어 충분한 이유 없이 불참할 시에 처벌을 받았으며, 그밖에 뤼베크와 벤드 도시들은 "어떤 사안에 관한 것이건" 한자 업무를 통제해 달라는 요청을 받았다. 1448년 쾰른은 경청 전권 위임과 결의 전권 위임의 구별을 제안했으며, (역시 늦어도) 1451년에는 소도시의 시의회 대표단이 이웃 도시들에 의한 대리를 원할 경우에는 문서에 의해 전권을 위임해야 한다는 요구가 제시되었다.

그렇지만 이런 모든 시도는 자유로운 합의체의 근본적 법제 원리에 의해 좌절되었는 바, 이 원리에 따르면 개개의 모든 성원은 근본적이고 중대한 사안들에서 자유롭게 결정할 권리가 있었다. 한자는 그 자체로서는 주권적 권력을 행사할 수 없었으며 합의에 의해서라도 지역적 소규모 동맹에 대해 그런 권력을 관철시킬 수 없었다. "왜냐하면 도시들의 공동체는 자유로운 합의체에서 유래한 자발성에 근원을 두고 있기 때문에 그 명령권이나 종주권을 동맹서약에 의해 개별 도시 시의회나 도시 동맹의 시의회 대표단에 지속적이고 최종적으로 위임할 수가 없었기 때문이다."

따라서—피츠의 추론에 따르면—"한자 연구에서 흔히 등장했던 추측, 즉 한자 합의체가 인적 연맹에서 공동체들의 동맹, 즉 오직 도시 공동체들만이 회원이 될 수 있는 그런 동맹으로 전환했다는 추측은 (...) 근거 없는 억측"에 불과한 것으로 입증되며, 이런 억측은 "[합의체의 법제 형식을] 발전시키려 했던 벤드 도시들의 시도, 즉 개인들과 지역 동맹들로 합성된 다중지배적 한자 메가폴리스를 형성하여 합의에 의한 정치 운영을 도모했던 그런 시도에 의해 야기된 것이다."

한자 입회에서 생득권이 핵심적 중요성을 가졌다는 점은, 외국 정주 독일 상인들의 권리를 시민권과 결부시키려 했던 14세기 후반 이후의 모든 시도가 좌절되었다는 사실에서 확인된다. 1366년 한자 총회에서는 오직 한자도시의 시민인 상인들만이 독일인들의 특권을 이용할 수 있다는 규정을 최초로 의사록에 명기시켰다(1390년과 1397년, 그리고 이후 몇 차례 이런 시도가 있었다). 그러나 상관의 장로들은 이런 규정에 이의를 제기했다. 이미 예로부터 상관에서는 여타 상인들도 상인 권리를 획득했으며 자격을 갖춘 인물이기만 하다면 장로에도 선출되었다는 점이 그 논거였다. 외국 한자에의 가입을 규제하려는 시도 또한 계속해서 실패로 돌아갔다. 1521년 한자 측 중개인들은 잉글랜드의 교섭 대표자들에게 이렇게 설명했다. "한자는 당신들의 생각처럼 도시들로만 구성된 단체가 아니라 다수의 관구와 마을, 시장 정주지 및 여타 장소로 이뤄진 단체입니다." 그리고 며칠 후 이들 중개인이 한자도시들의 목록을 전달해야 했을 때 이들은 각서 하나를 동봉하는데, 여기에서 이들은 "한자에 속하는 도시나 지역 혹은 인물들" 중 이 목록에 포함되지 않은 경우가 있겠지만 이는 이들의 권리를 침해할 의도에 기인한 것이 아님을 밝히고 있다.

한자 측의 이런 진술에서 분명히 알 수 있듯, 어떤 도시들이 한자에 속하는지를 확정하는 것은 거의 불가능하다. 전승된 목록에는 55~80개 도시명이 포함되며, 공식 문서들에서 거론된 77이란 숫자는 상징적인 것이라 생각되지만 일시적으로나마 능동적으로 참여했던 중대 규모 한자도시들의 실제 수에 근접하는 것일 수도 있다. 그럴 것이 브뤼주 상관은 1469년 한자도시의 수를 72개로 명기하고 있기 때문이다. 만약 외국에서 한자 권리를 갖고서 활동한 상인들의 고향도시까지 모두 포함시킨다면, 한자도시의 수는 180~200곳에 이른다. 200개 도시 명을 수록한 목록은 돌랑제Dollinger 가 쓴 한자 역사에 부록으로 포함되어 있다.

한자 회원 자격은 세 가지 방식으로 상실될 수 있었다. 먼저 특권 사용을 포기하는 경우가 있었고, 자발적으로 동맹에서 탈퇴하는 경우가 있었으며(최초의 "궁극적" 탈퇴는 1474년 도시 브레슬라우에 의해 요청되었고, 이런 탈퇴는 16세기 빈번해졌다), 마지막으로 어떤 도시나 상인이 동맹의 원리나 이익을 중대히 위반 내지 위해했을 경우 도시 동맹 총회나 상관 장로들에 의해 공식적으로 제명되는 경우가 있었다(도시가 제명되는 경우를 '페어한중Verhansung'이라 칭했다).

'특권 한자'와 '뤼베크 한자' _ 좀 더 강력한 정치적 영도라는 목표는 실현되지 않았으며, 이는 무엇보다도 뤼베크 및 벤드 도시들이 주도한 한자의 정치화에 대한 쾰른 및 베스트팔렌 도시들의 저항 때문이었다. 그렇지만 뤼베크가 기울인 노력의 결과, 근원적으로 하나인 한자는 두 가지 형식을 취하게 되었다. 한편으로 외국에서의 특허장 이용과 결부된 한자는 존속했으며, 서두에서 보았듯 이러한 한자에의 가입은 생득권리에 의해 결정되었다. 그러나 다른 한편으로 뤼베크는 다수 도시들로부터 하나의 합의, 즉 뤼베크를 한자의 수장으로 인정하고 이 도시의 법제를 따르며 또한 뤼베크가 주최하는 총회에 참석할 권리와 의무를 인정하는 그런 합의를 도출하는 데 성공한 것 같았다.

물론 개별 도시들은 뤼베크가 상인 공동체 대표로 (다시금) 선출되는 데 동조하는 것을 기피할 수 있었다. 하지만 이들은 뤼베크에 대해 법규 위반

이라는 비난을 공공연히 제기하지는 않았다. 이 점은 노브고로트 상인법정의 고등법원이 뤼베크에 설치되는 과정에서 확인되며, 무엇보다 일찍부터 외국의 독일인 특권을 함께 누려왔던 상인들의 고향도시들이 새삼스레 한자로 신규 가입되었던 기묘한 현상에서도 확인된다. 즉 1358년에는 브레멘, 1380년에는 아른하임(아른헴), 1392년에는 뒤스부르크, 1492년에는 님베겐(네에메헨), 1407년에는 츠볼레(즈월레)와 베젤, 1441년에는 캄펜과 주트펜이 한자에 신규로 가맹되었다. 피츠의 해석에 따르면, 당시 이 도시들은 한자의 수장이 되겠다는 뤼베크의 결의에 찬동을 표하고 뤼베크가 주최한 총회에 참여할 의무를 받아들인 듯하며, 이렇게 해서 뤼베크가 주도하는 한자 총회로 시의회 대표단을 파견할 수 있게 된 것 같다.

    그렇지만 한자의 수장은 총회를 독자적으로 소집할 수는 없었다. 이런 경우 대체로 뤼베크인들은 도시 동맹의 시의회 대표단들로부터 분명한 지지를 얻을 수 있었다. 한자의 수장이 누렸던 유일한 구체적 권한이 있다면, 그것은 15세기 이후 도시 동맹의 총회에서 의장직을 수행한다는 점이었을 것이다. 총회 초청이나 의사 집행 및 의결 해석과 결부된 여타 과제들을 뤼베크는 벤드 도시들의 지원을 받으며, 그리고 또한 이들의 통제를 받으며 수행할 수 있었다. 이런 범위를 넘어서는 사안에서는 그때그때 시의회 대표단들이나 ('회람 투표 방식Umlaufverfahren'[4]으로) 도시 동맹으로부터 특별한 전권을 위임받을 필요가 있었으며, 이런 전권은 내용과 시한이 아주 정확히 규정된 특정 업무의 집행에만 한정되어 있었다. "따라서 뤼베크인들 또는 한자 수장의 통솔력은 당대 왕들의 통치력과 유사한 방식으로 제

---

[4] 의결권자들이 논의를 위해 모이지 않고 문서에 의해 의사를 전달하는 방식으로 의결이 이뤄지는 것.

한되어 있었다. 당시 왕들은 봉토 영주들 및 봉토 바깥 자치 공동체의 대표자들과 협의하여 왕국을 다스렸다. 이와 비교해 본다면, 독일 한자의 법제는 뤼베크인들에게 왕의 역할을 맡겼고, 벤드 도시들에는 봉토 영주 내지 왕의 고문관 역을 맡겼으며, 여타 도시들에는 의회에 모인 자치 공동체의 역을 주었다고 할 수 있다."

토호페자테 합의체적 법제에 기인한 한자의 정치적 무능력은 빠른 시간 내에 극복될 수 없었다. 그리하여 15세기 정치적 상황에서 당대인들은 한자 외부에 놓인 수단, 즉 이른바 '토호페자테Tohopesate'[5]를 이용했다. 토호페자테는 벤드와 포메른 및 작센 지방 도시들의 지역적 도시 연맹에서 발전한 것으로 '토사테tossate', '토자멘데제팅에tosammendesettinge', '토호페자테' 등의 명칭은 "견실하고 통일적인 힘을 가진 무리를 상징"(W. Bode)했다. 그 목적에 견주어 볼 때, 이런 연맹은 '비한자적인 것'이었다. 토호페자테는 상인 조합과 외국에서의 그 특권의 보호하기 위한 것이 아니라 제국 영주나 제후가 자행하는 폭력에서 개별 도시를 보호하는 기능을 가졌기 때문이다. 따라서 토호페자테는 독일 한자 합의체와 분명하게 구별된다. 즉 토호페자테는 목적의 측면뿐 아니라 그것이 연 단위의 한시성을 가진 연맹이었다는 점에서 한자와 구별된다. 정치적 연맹으로서 토호페자테는 문서와 인장에 의한 협약을 거쳐야 했다. 한자·저지독일 도시법에 근거할 때, 연맹 체결은 중대한 사안이었으므로 시의원들은 시민과 주민의

---

5 중세 북부 독일에 전형적인 도시 연맹의 한 가지 유형이며, '토호페(tohope)'는 '함께', '공동' 등을 뜻했으며, '자테(sate)'는 '비교' 혹은 '협약' 등을 뜻했다.

분명한 찬동을 얻을 의무가 있었다.

당대인들에게 한자와 토호페자테의 이러한 차이는 분명했다. 1470년 뤼베크는 쾰른인들에게—이미 200년 이상 존속한—도시 동맹(즉 한자)과—1451년에 6년 시한으로 체결되어 이제 만료된—토호페자테를 구별하겠다고 선언했다. 1535년 도시들은 한자 사안, 특히 교역과 관련된 안건을 다루기 위해 뤼네부르크에서 총회를 열었는데, 이 공표된 사안은 구실에 불과했다. 즉 당시 한자도시들은 뤼베크와 덴마크 사이의 분쟁을 해결하기 위해 회합을 가진 것이었으나 이를 한자 총회의 안건으로 삼을 법적 근거가 없었던 것이다.

따라서 한자 역사에 관한 문헌들에서 아주 중요한 역할을 하고 있는 토호페자테는 법제적 측면에서 엄격히 보자면 한자와 아무 상관도 없었다는 결론을 내릴 수밖에 없다. 물론 양자 사이에 연결점은 존재했다. 예컨대 한자 총회에서 시의회 대표단이 어떤 지역 연맹에 관계한 도시들을 중재할 때가 있었으며(피츠가 여러 인장들을 조사하여 입증했듯, 대다수 토호페자테는 기획 수준으로 머물렀다), 위반 행위가 적발되었을 시 때때로 토호페자테와 한자로부터 제명시키는 경우가 있었다. 이미 1920년대에 W. 보데Bode는 이 점을 인식하고 있었으나, 이후 연구에서는 이 측면이 그다지 주목을 받지 못했다. 예나 지금이나 한자의 주요목적 중 하나로 꼽히는 것은 영주들의 간섭에서 도시 자치권을 수호하는 일이다. 이 점이 많은 한자도시들의 정치적으로 중요한 관심사 중 하나였다는 점은 논란의 여지가 없는 것이지만, 한자도시 동맹은 이런 문제와 간접적으로만 연관이 있었다. 그리고 '금인칙서Goldene Bulle'[6](1356년)에서 도시 연맹을 금지했기 때

---

6 1356년 신성 로마 황제 카를 4세가 공포한 제국 법령을 말한다. 이 법령은 독일 정치문제에

문에 한자도시들로서는 정치 활동이 조심스러웠을 수도 있다.

도시 내 소요의 해결_ 이미 중세에는 도시를 지배하려는 영주세력에 대한 투쟁과 도시 내 소요에 대한 제압을 구분하기가 많은 경우 쉽지 않았다. 그럴 것이 활동 영역이 여러 모로 중첩되었던 것이다. 따라서 내부로부터의 위험, 즉 도시 공동체를 영도하는 시의원 계층을 향한 위협에 관해서도 소개될 필요가 있다. 지금까지 일반적으로 수용된 견해에 따르면, 이런 위험의 방지 또한 이른바 '도시한자'의 목표였으며, 이는 1418년 한자 총회에서 결의된 사항에 근거한 견해였다. 당시 총회에서는 시의회를 폭력적으로 해산한 도시에 대해 한자 제명으로 대응하겠다는 결의가 채택되었다. 시의회가 무제약적 지배권을 가졌다고 보는 학설(정부 관헌으로서의 시의회)은 공동체의 특정 영역에 의해 주도되는 모든 양태의 시의회 권력 박탈이 실제로 폭력적인 것으로 간주되었고 주장해 왔다. 그리고 사회적 층위와 관련해서는 이런 방식의 통제에 지지를 보낸 한자도시 유력자들Patriziat의 자기 방어 의지가 추가적으로 거론되기도 했다(M. Puhle). 이런 주장은 동의를 얻을 만한 것이다. 그럴 것이 한자 영도 집단의 행위 준칙은 분명 개별 도시들의 통치권을 장악하는 데 있었기 때문이다. 이 점은 14세기 말 슈트랄준트에서의 사건, 1408~1416년 뤼베크에서의 사건 그리고 후일 다른 여러 한자도시들에서의 사건들이 확인해 준다.

그러나 이런 소요 사태들이 관헌에 의해 강제적으로 진압되었다는 가설

교황이 간섭하는 것을 막고 제국 제후들의 입지를 확고히 하는 데 목적이 있었으며, 자치권을 확보하려는 도시들에 불리한 내용을 많이 포함하고 있었다.

은 유지되기가 쉽지 않다. 이는 당시의 소요 사태들이 변화하는 사회적·경제적 상황에 대한 도시의 적응을 추동하기도 했다는 사실에서 확인된다. 더 나아가 "시의회의 경제적 실정이 명백하거나 직권남용이 입증된 경우에 일정한 절차를 거친 저항은 불문율인 저항권의 표현으로 간주되었다"는 점은 이미 인지된 사실이다(M. Puhle). 분명한 점은, 만약 한자가 수많은 소요 사태와 관련해 해당 도시들을 예외 없이 제명시켰다면 15세기 말에 이르러 그다지 많은 회원을 거느리지 못하게 되었을 것이라는 사실이다. 그리고 한자가 일관적이지 못한 태도를 보였던 근거로서 그 실용주의가 거론되는 바, 실제로—피츠가 입증했듯—법제와 관련된 여러 중요한 비일관성은 이런 실용주의에 원인이 있었다. 실제로 도시 공동체에서 불화가 발생할 시 한자·저지독일의 도시법은 일정한 절차에 따라 융화 단결의 재생을 시도했고, 이를 위해 새로운 시의회가 구성될 수도 있었다. 내부에서 소요가 발생할 시에는 융화 단결의 재생이 한자 정치의 핵심적 요소였다는 점은 최근 몇 년 동안 피츠와는 별도로 스튜어트 젱크스Stuart Jenks[7]에 의해 밝혀진 바 있다. 그에 따르면 이러한 융화 단결이 없다면 합의체법에 의해 구성된 도시(공동체)는 제대로 기능할 수 없었다.

이러한 인식을 고려한다면 기존의 여러 견해도 수정되어야 한다. 예컨대 선출된 위원회가 시의회에 대한 개혁과 관련해 주장한 공동 결정권과 통제권은 개혁 과정에서야 비로소 획득되었다는 견해나, 도시 법제의 성문화가 진행되는 중에야—대개는 17세기—공동체의 협력 참여권이 확정되었다는 견해가 그런 것이다. 당시에는 중세적 합의체의 시장이 시의회

---

[7] 스튜어트 젱크스(1948년생)는 미국 태생의 역사학자로 독일 베를린 자유대학에서 박사학위를 받았으며 1985년 이후 독일 에를랑엔 대학 사학과 교수로 재직하고 있다.

에 이미 승인한 사안들 이외의 것만이 문서화되었다.

한자의 영도 집단 두 번째 연구 경향, 즉 한자 동맹의 관료들을 대상으로 하는 연구는 "한자 정치의 (...) 활동 주체들과 이들의 개인적 생애로부터 사회적 공통점과 집단적 정체성을 추론해" 내려 시도한다. 연구 결과 확인된 점은, 한자의 사회적 엘리트는 지역을 초월해 넓은 영역에 걸쳐 결혼과 정보 교류로 맺어진 비공식적 영도 집단이었으며, 이는 원래 법제적으로 존재하는 집단이 아니었다는 점, 그리고 이런 집단의 구성원들은 각자의 고향도시에서 정치적 엘리트에 속했고 여기서 시장 직이나 시의원 직을 자기들끼리 대대로 물려주었(던 것 같은 인상을 준)다는 점이다. 팔부쉬Fahlbusch에 의해 논의가 시작된 '아미고나트Amigonat'[8]라는 개념은, 이 집단 구성원들의 행동 방식이 지닌 법제에 어긋난, 때로는 비합법적인 측면들을 드러내 주었다. 마티아스 풀레Matthias Puhle[9]는 도시 및 한자 영도 집단의 배타성을 밝혀냈는데, 그가 브라운슈바이크를 예로 해서 연구한 결과에 따르면 이 도시에서 영도 집단은 결정적인 '민주주의적' 법제 개혁에도 불구하고 15세기 말까지 외국에서의 도시 대표자 역할을 독점했다. 이 집단의 구성원은—빈번히 서로 충돌하는—두 가지 기능을 수행했다. 시의원으로서 이들은 전체 도시 공동체의 복리에 책임이 있었으며, 시의회 대표단으로서 이들은 전체 상인 동맹(즉 한자)에서 의장단의 일원이었

---

[8] 2000년대 중반 독일의 역사학자 프리드리히 B. 팔부쉬는 한자의 영도 집단을 지칭하는 기존 개념, 즉 '도시 유력자(Patriziat)'나 '엘리트' 혹은 '권력 카르텔' 등의 개념을 비판하고 이 개념을 제안했다. 이 개념에 의해 그는 한자의 이들 유력자들이 사교와 혼인, 친척 관계, 경제적 이해관계 등을 통해 복잡하게 형성한 네트워크 성격을 드러내려 했다.

[9] 마티아스 풀레(1955년생)는 독일의 역사학자로 2004년 이후 마그데부르크 대학의 명예교수이다.

으며 따라서 원격지 교역의 이익 획득에 책임이 있었다(브라운슈바이크의 영도 집단을 제외한 시민 중에서는 오직 소규모의 한 집단만이 이 교역에 참여할 수 있었다). 시의회 대표단에는 대체로 장기간, 즉 20년 이상 그 일에 관여했고 한자의 운명을 이끌 만한 무리로 인정받을 수 있는 집단의 사람이 임명되었다. 이러한 유의 사례에 근거해서 역사적 한자는 산업화 이전 시대에 경제적·법제적 변화에도 불구하고 유지되었던 사회 엘리트 집단의 범례로 간주되곤 한다.

초도시적 성격을 갖는 영도 집단의 존재는 14세기 말 이후의 문헌에서 충분히 입증되는 사실이며,—비록 문헌 부족으로 가설 수준에 머무는 견해이긴 하지만—초기 한자에서도 그 맹아가 발견된다. 하급귀족과 가신 집단, 평민 영지 소유자 계층에 속한 사람들은—12~13세기로부터 전승된 문헌에는 이들의 이름도 나온다—근본적으로 동일한 사회 체제의 존재를 시사하고 있다.

친인척으로 맺어진 결속과 이에 기초한 사회적·사업적 관계는 한자의 구성적 계기였다. 이 점은 한자의 영도 집단뿐 아니라 기저 계층, 즉 수세기가 흐르는 동안 한자 교역에 참여한 수천 명의 상인 계층에서도 마찬가지였다. 여기에는 중요한 구조적 이유가 있었다. 중세 후기와 근대 초기에 한자 교역과 그 정치가 영향력을 행사한 광대한 공간은 체계적 제도가 아니라 법제 및 인맥을 통해서만 관할될 수 있었다. 이런 점에서도 우리는 다시금 한자 조직의 기본 전제인 지역적 구조, 즉 상호성에 근거한 도시적 이웃 관계와 만나게 된다. 공간적으로 제한된 그러한 틀 내에서만 (필요한 경우) 적극적 지원이 가능했다. 그러나 이러한 관계는 언제나 한시적이었다. 왜냐하면 도시 경제의 본질상 비용과 부담은 언제나 심각한 위협을 낳을 수 있었기 때문이다(P. Moraw).

요약_ 한자의 법제가 합의체 법에 토대를 두고 있다고 보는 에른스트 피츠의 견해는 설득력을 가진다. 왜냐하면 핵심적 (법률) 문헌인 한자 의사록의 진술들은 한자 역사의 실제 사건이나 근본문제들 및 한자의 법제적 지위에 대한 한자 시의회 대표단이나 법률고문들의 진술과 일치하기 때문이다. 피츠가 인상 깊게 논증한 바에 따르면, 서부 유럽 왕국 및 제후국의 학식 있는 고문들의 로마법적 논증방식과 한자 시의회 대표단의 합의체적 사고방식은 공유점이 거의 없을 정도로 차이를 보인다. 하지만 16세기 말까지 점차 접근점이 발견될 수 있었다는 사실은, 북부 유럽의 교역체계에서 한자 상인들이 여전히 중요한 역할, 즉 이 지역 권력자들이 아직은 무시할 수 없는 역할을 수행했다는 점을 시사한다. 또한 그러한 사실은 초 청국 상인들이 한자 상인들과의 관계를 여전히 포기하고자 하지 않았으리라는 점을 시사한다. 피츠는 이런 견해가 가설적 성격을 가질 수밖에 없음을 인정했으며, 14세기에 이를 때까지 사회 내 상위 신분에 관한 기록은 많았던 반면 귀족보다 하위에 있는 합의체에 관한 진술은 거의 이뤄지지 않았다는 점을 이유로 제시했다.

한자 합의체에 관한 피츠의 연구는 아주 흥미로운 것으로, 이는 중세 유럽의 근본적 사회화 형식, 즉 자발적 합의체에 초점을 맞춘 지난 몇 년 이래의 역사 연구에 부응하는 것이다. 다단계 합의체라는 한자의 성격은 그 역사에서 다양한 문제를 낳았으며—아래에서 우리는 이에 관해 더욱 빈번히 다루게 될 것이다—이런 문제들에 관해 피츠는 지극히 훌륭한 해명을 제시했다. 그렇지만 합의체적 용어인 동등성Identität과 공동 의지(합의)gemeine Wille, 융화 단결Eintracht 등은 규범을 표현하는 것이라는 점 또한 강조되어야 한다. 즉 법제적 기획과 사회적 현실 사이의 불일치가 도외시 되어서는 안 된다. 사실 공동 의지(합의)라는 것은 과두 영도 집단의 지배 의지에 불과한 경우가 흔했으며, 아무리 동등성이 운위되었다 해도 사회역사적으로 볼 때 한자는 상인이라는 1개 신분의 조직이었다. 하지만 피츠는 다음과 같은 점 또한 밝혀냈으며, 이 역시 그의 공적이라 할 수 있다. 즉 당시 도시 공동체는 결코 영도 집단에 휘둘리지 않았고 법제적 수단을 장악했으며, 따라서 알력이 일어나 전술적으로 대응해야 할 경우가 생기면 도시 공동체의 입장에서 과두제의 지배요구에 맞서 공무와 일반시민의 이익을 대변할 수 있었다.

피츠가 주장하는 '상부구조Überbau', 즉 국가형성의 경향에서 등장한 것으로 그가 재구성한 '독일 한자의 대연맹Groβverband der deutschen Hanse'은 거센 비판을 받았다(Th. Behrmann). 그의 주장은 한자의 "자아의식Eigenbewusstsein"에 관한 근거 없는 진술들을 포함했기 때문이다.

2. 한자의 교역 조직

집단 교역, 비더래궁, 젠데배_ 동업 조합적 교역, 즉 도시 길드 회원에 의한—그리고 또 초기한자 원격지 교역단도 참여한 듯한—집단적 교역에 관한 문헌은 많이 남아 있지 않다. 그러나 이러한 교역 형식이 널리 확산되어 있었다는 점은 12세기 후반 이래 상인과 도시들이 집단적 교역과 긴밀히 결부된 연대책임에서 벗어나려 애썼다는 사실에서 확인된다.

13세기 중반 이후에는 '개인 교역Properhandel' 외에 우선 토착 유형의 한자 회사, 즉 '비더레궁Widerlegung'(베더레깅에wederleginge, 쿰파니kumpanie, 소키에타스societas)만이 존재했던 것 같다. 이 명칭에서는 회사 결성 과정, 즉 자본의 통합Zusammenlegung[10] 과정이 분명하게 표현된다. 우리는 두 명의 상인이 탁자를 사이에 두고 마주 앉아 돈을 한 데 모으는 모습, 즉 각자의 자본을 공동자본으로 통합하는 광경을 충분히 상상할 수 있다. 이런 유형의 회사는 문서 기록이 일반화되지 않았던 시대의 특징을 전형적으로 보여준다. 즉 이 유형의 회사는 자본비율 1 : 1 혹은 1 : 2의 단순한 출자로 꾸려졌다. 자본은 두 명의 출자자 중 한 사람, 대개는 적은 자본을 출자한 사람에 의해 운용되었으며, 이런 사람이 원격지 교역을 떠났다. 이따금 전승 문헌에서는 자본만 출자한 사람이 '주인', 상대적으로 적은 자본을 출자하고 운용을 맡은 사람이 '종'이라 표현되기도 하지만, 두 측은 상하관계에 있지 않았던 것이 거의 분명하다. 수익은 우선 절반씩 나눠 가졌지만, 출자금에 차이가 있을 때는 여기서 각기 차감을 했던 것 같다. 그러나 손실 발생 시의 처리 방식은 정해져 있지 않았다.

또 다른 회사 유형으로—물론 비더레궁과 긴밀한 관계가 있는 것으로서—'젠데베sendeve(젠데굿Sendegut)'란 것이 있었다. 이 경우에는 자본주가 자신의 재화를 상인에게 위탁하는 방식으로 사업을 운영했다. 기존의 해석[11]에 반해 알브레히트 코르데스Albrecht Cordes[12]는 이를 계약 범위 내에서 자

---

10 독일어 단어 '추자멘레궁'은 '합침', '통합' 등의 뜻을 갖는다.
11 'Sendeve'는 자본주가 자신의 재화를 상인에게 맡겨 운용케 하는 사업 방식으로, 이때 모든 위험 부담은 자본주가 졌으며, 상인은 일정한 급료 내지 할당금만 받았다.
12 알브레히트 코르데스(1958년생)는 독일의 역사학자로 현재 프랑크푸르트 대학 교수이다.

본주의 추가적 투자 행위만을 지칭하는 것으로 해석하고 있다. 그 외의 맥락과 관련해서는 문헌상 입증된 것이 없기 때문이다. 세 번째 계약 유형, 즉 일종의 '상호 위탁 사업Kommissionsgeschäft auf Gegenseitigkeit'은 지극히 드물었다.

14세기 후반 이후로 회사 관련 법제가 점점 더 복잡해지는 한편 신축성도 갖게 되었는데, 이런 변화는 대다수 상인들이 이제 글을 읽고 쓸 수 있게 되었다는 점에 기인했다. 자본주의 출자 방식은 이제 한자 총회에서 결의된 법적 규정에 따르게 되었으며, 이와 더불어 새로운 교역 기법, 즉 교역 재화가 더 이상 자본 운용자에 의해 직접 운송되지 않고 교역 상대자들 사이로 오가는 기법이 도입되었다. 이러한 상호 교역 기법은 다양한 유형의 사업 관계에서 일반적인 것이 되었으며 14세기 말 이후로는 한자 교역의 기초로 정착한 듯하다. 비더레궁의 경우 상호 기법의 교역은 공동 책임 방식으로 이뤄졌고, 젠데베의 경우에는 발송자 혹은 수화자 일방 책임 방식으로 이뤄졌다. 그리고 16세기에 이르면 그러한 기법의 교역은 '풀레 마스코페이vulle mascopey'(이에 관해서는 나중에 설명하겠다)의 틀 내에서 이뤄졌다. 그러한 사업 관계에서 한자 상인들은 원칙적으로 상대방을 이익 획득의 대상으로 삼지는 않았으며, 이 점은 이탈리아 상인 및 여타 비한자 상인들과 근본적으로 다른 점이다.

한자의 교역 장부들을 연구하는 과정에서는 한자 원격지 교역단의 소상인들이 재발견되었다. (무엇보다 프리츠 뢰리히 및 그의 제자들이 주도한) 한자 역사 연구에서 베르너 좀바르트Werner Sombart의 견해에 반하는 주장, 즉 중세 교역은 농부상이나 잡화상이 아니라 실제로 대상인에 의해 수행되었다는 주장이 설득력을 갖게 되었을 때, 그런 소상인들의 존재는—직물

소매상Gewandschnitt은 예외로 하고—'완전히 무시'되었다. 한 상인의 개인 교역 형태로 이뤄진 소매업은 문자 그대로 '생계'를 위한 것이었다. 소매상은 그런 장사로 간신히 생계를 이어나갔기 때문이다. 소상인의 교역 자본은 그가 출자한 교역 단체에 묶여 있었고, 그가 거기서 얻은 이윤은 단체가 해산된 후에야—종종 20년 후에야—일시불로 지급되었다.

네트워크와 '신제도경제학'_ 최근 들어서는 한자 상인들의 경제적 네트워크가 거론되고 있다. 그럴 것이 이들은 형식화된 관계를 맺기보다는 상호적 신뢰와 존경을 사업의 토대로 발전시켰기 때문이다. 이런 방식으로 한자 상인들은 개별적 층위에서 정보 획득 비용과 매매 비용 및 조직화 비용을 낮출 수 있었다(S. Selzer, U. Ewert; C. Jahnke). 이는 분명 범유럽적 상품검사체제에 의해 더욱 보완되었는데, 외국 상관들과 개별 한자도시들이 모두 이 체제 속에 있었다. 이때 외국 상관에서 검사를 마친 상품을 '슈타펠굿stapelgut'이라 불렀고, 개별 도시에서 검사를 마친 상품을 '벤테굿ventegut'이라 불렀다. 그리하여 예컨대 브뤼주의 한자 상인은 단치히나 노브고로트 혹은 베르겐에 상품 검사를 맡겼고, 이렇게 해서 시간과 비용을 절감할 수 있었다. 게다가 한자는 계약 수립과 이행의 조건들을 확정짓는 데 성공했으므로 우리는 이러한 모든 ('신제도경제학'[13]이 논한 바 있는) 비용의 절감을 "경쟁 속에서 거둔 한자의 결정적 도약이라 파악할 수 있고, 한자가 그토록 장기간 성공을 거두었던 이유"(St. Jenks)라고도 볼 수 있다.

---

13 전통적 경제학에서는 거래가 시장에서 그 자체로 완전히 이뤄진다고 보며 시장 외에 여타 요소를 고려하지 않는다. 그러나 1980년대 이후의 '신제도경제학'은 시장 외에 경제 관련 제도 및 조직이 거래 비용에 지대한 영향을 미친다는 점에 주목한다.

네트워크 조직은 한자 공간의 한 끝에서 다른 끝까지 상품이 원활히 이동할 수 있게 해주었다. 또한 이러한 사업망 덕분에 16세기 들어 빈번히 시도된 반한자적 하적법의 실행 또한 무력화시킬 수 있었다(123쪽 이하를 참고할 것). 이런 체제의 법제적 유지는, 상품을 직접 구매하거나 판매하는 사람에게—비록 그가 동업자의 자본으로 거래를 한다 해도—책임을 부여하는 방식에 의해 한결 원활해졌다.

새로운 유형의 회사_ 새로운 유형의 회사는 15세기 초 브뤼주를 매개로 이탈리아 상인들이 저지독일 상인들에게 미친 영향의 결과로 나타났다. 그리하여 비더레궁은 (투자자와 교역자) 두 측이 함께 자본을 운용하는 '젤쇼프Selschop'[14]란 이름의 새로운 회사 유형에 의해 보완되었고, 2인 분담의 원리가 포기되었으며, 최초의 외국 회사가 탄생했고, 상업 부기에서는 거래를 발생 순서에 따라 기록하는 분개장과 계정과목별로 기입하는 원장이 구별되었다. 1465년에는 "최소한 이론적으로는 인정할 만한 연대책임 방식의 외국 회사"라 할 수 있는 '풀레 마스코페이'[15]가 최초로 언급되는 바, 이는 "중요한 몇 가지 점에서 오늘날의 합명회사[16]와 유사하다."(A. Cordes)

다수 외국 정주지에 현지 체재 위탁상을 두고 있으며 상품 판매업 및 금융업과 연결된 좀 더 복잡한 유형의—그 일부는 여러 세대에 걸쳐 존속한—가족회사는, 이탈리아 및 고지독일의 교역에서는 흔히 나타났지만 한자

---

14 'Selschp'는 일시적으로 결성되는 사업단체로, 이 방식의 사업에서는 한 명의 자본주가 자본이나 상품 조달을 책임 지고 위험과 수익을 분배받았다.
15 저지독일 교역도시에서 등장한 상인들의 단체로, 말 그대로는 '가득 찬 집단'이란 뜻을 갖는다.
16 무한책임 사원으로만 구성되는 회사.

경제 공간에서는 아주 드물었던 것 같다. 하지만 최근 몇십 년 동안의 연구에서 그런 사례가 점점 더 많이 알려지기는 했다(물론 그 실체는 아직 모호한 편이다). 예컨대 15세기 초 토른 출신의 얀 팔브레히트Jan Fahlbrecht(Valprecht)와 단치히 출신의 비티히 모르저Witig Morser 및 쿨름 출신으로 토른과 브레슬라우에서 활동한 다비트 로젠펠트David Rosenfeld가 함께 세운 회사는 경제적·재정적·정치적으로 엮인 한자 콘체른이었으며, 이 회사는 1400~1439년 동안 거의 전체 한자 교역 공간에서 교역 활동을 벌였고 베니스와 흑해 지역까지 진출했다(W. von Stromer). 15세기 중반 베를린과 단치히에 적을 둔 가족 회사 슈푸텐도르프Sputendorf(슈포덴도르프Spodendorf)는 광역에 걸친 대규모 금융사업체로 발전했는데, 이 회사의 활동영역은 기사단 국가에서 뤼베크와 브뤼주에 이르렀고, 에거[17]와 뉘른베르크를 거쳐 뉘른베르크 은행가들과 라벤스부르크 거대 회사의 대리인들 그리고 교황청까지 이르렀다. 그밖에 쾰른에는 '슈트랄렌 칼트호프 회사Strahlen-Kalthof-Gesellschaft'가 있었고, 슈테틴의 로이츠Loitz란 인물은 16세기에야 사업을 성장시켰다. 1549년 뤼베크에 설립된 회사 '카르스텐스 폰 브로케Carstens-von-Brocke'는 이 지역에서는 최초로 복식부기를 도입했다. 이 회사는 안트베르펜과 암스테르담, 뉘른베르크 및 단치히에 현지 체제 위탁상을 두고서 발트해 해안지역과 서부 유럽 및 독일 내륙 교역에 참여했다. 이 회사는 예컨대 뤼베크 산 맥주와 삭구[18]를 서방에 수출하고, 단치히와 레발에 맥주 원료인 홉을 수출했으며 스웨덴에서는 봉강,[19] 뉘른베르크에서는 함석을

17 오늘날 독일 국경과 접한 체코 영토에 있는 도시로 독일식 명칭은 '에거'이며, 체코식 명칭은 '헤프(Cheb)'이다.
18 범선에 쓰이는 각종 밧줄을 총칭하는 말.
19 막대 모양의 압연 강재.

수입하고, 뉘른베르크로 아마와 연어를 수출했다. 또한 리보니아에서 탈러 은화를 주고 구입한 왁스와 가죽 및 모피를 서방에서 판매하고, 단치히 및 포메른과 페마른에서 막대한 양의 곡식을 수입해 리스본으로, 일부는 암스테르담으로 수출했다. 그밖에도 안트베르펜에서 후추와 설탕을 수입하고, 보석은 리스본에서 사들였다.

물론 대다수 한자 상인들은 좀 더 단순한 2인 분담의 회사형식을 선호했던 것 같다. 그렇지만 이러한 네트워크 내에서 상인이 가입할 수 있는 회사들의 수가 늘어남에 따라 "무엇보다 뤼베크와 브뤼주에서 점점 더 교역 관계의 집중화 현상이 나타났으며, 그 결과 유달리 활동적이고 성공적인 소수 상인들이 출현하고 이들의 지리적 영향권과 그 교역량은 (...) 최소한 고지독일 회사들에 견줄 만한 정도가 되었다."(F. Irsingler)

다수 외국 정주지와 거래하는 거대하고 집중적인 교역 회사가 한자 공간에서는 왜 그토록 드물었는가 하는 문제는 아직까지 명쾌하게 해명되지 않았다. 이탈리아와 비교할 때 한자 상인들의 교역 규모가 작았다는 점이 가능한 이유로 제시되기도 한다(M. North). 14세기 후반 제노바와 베니스의 교역량은 1368년의 문헌에서 알려진—해로에 의한—뤼베크의 최소 교역량의 5~6배에 달했다(P. Spufford).

비현금 지불 거래_ 교역 규모가 작고 외국 정주지와 거래하는 거대 교역 회사가 드물었다는 점은 동방의 한자 경제 공간에서 지불수단 및 금융수단으로서 어음이 상대적으로 드물게 사용된 이유도 설명해준다. 한자 공간의 교역은 고전적인 4인 당사자 형식Vier-Parteien-Form을 유지하고 분점 및 현지 체제 위탁상과의 이른바 정착된 이탈리아식 교역 방식을 취하고 있었기 때문에 어음이 필요하지 않았다. 한자 상인들이 선호하는 '소지인 차용증Inhaber-Schuldschein'(채권자 외에 소지인에게도 발행되는 차용증이었기에 이렇게 불렸다)은 유사한 기능을 수행했으며 무엇보다 정기시 편력 교역—예컨대 17세기까지 지속된 브라반트 정기시에서의 교역—에서 요구되는 조건들을 충족시켰다. "차용증을 주고 돈을 빌린 한자 상인은 바로 다음 정기시에서 물건을 팔아 그 돈을 갚았기 때문에—어음의 경우라면 그가 반드시 접해야 할—어음 인수인이나 지급인을 필요로 하지 않았다." 소지인 차용증은 어음보다 비용이 적게 들었다. 어음의 경우에는 환시세 손실이 클 수도 있었기 때문이다. 게다가 소지인 차용증은 양도할 수 있었으며 따라서 한자의 신용대체 및 현금대체 요건을 대체로 충족시켰다. "원료가 많이 거래되는 동부의 시장에서는 어쨌든 은이 필수적인 지불 수단이었다. 그밖에도 할당금 판매에서 상품 저당에 이르기까지 많은 다른 신용 지불 수단이 있었고, 이렇게 해서 신용 거래가 이뤄질 수 있었으며, 이는 한자 교역에서도 불가결한 것이었다."(M. North) 말이 났으니 말이지만, 한자 교역에서는 일반적으로 외상이 기피되었다는 견해는 스튜어트 젱크스에 의해 논박되었다. 외상 금지는 러시아 교역에서처럼 지역적으로 국한된 현상이었거나 경쟁자를 제거하기 위한 방책으로 일시적으로 투입되었다.

부텐한자 교역 회사

비한자 상인들(이른바 부텐한자[20])과 교역하는 회사의 설립을 금지한 현상에 관해서도 비슷한 말을 할 수 있다. 이러

---

20 '부텐한자(Butenhanse)'에서 '부텐'이란 중저지독일어 단어는 '바깥', '외부'란 뜻을 갖는다.

한 금지는 기존 연구에서 한자의 폐쇄성과 반동적 행동방식을 보여주는 현상으로 해석되었다. 하지만 이러한 금지 조치 또한 그때그때 한시적으로만 시행되었다. 부텐한자와의 교역을 규제하는 한자의 훈령들은 대개 한자의 여타 공격적 조처, 예컨대 교역 봉쇄 조처를 효과적으로 만들기 위해 선포되었다. 교역 봉쇄는 전체 교역이 중단될 때만 효과를 볼 수 있었기 때문이다. 교역 봉쇄를 무력화시키는 방법 중의 하나는 위탁 교역이었으며, 따라서 "봉쇄에 앞서 우선 적극적이든 소극적이든 일체의 위탁 교역 및 이와 연관된 제휴를 엄격히 금지시키는 것이 중요했다. 또한 한자 상인들과 선박들이 한자에서 탈퇴하고 그 결과 교역 봉쇄가 오히려 부텐한자의 세력을 키우는 방향으로 무력화되지 않도록 조심해야 할 필요가 있었다. 마찬가지로, 일단 한자도시의 항구를 떠나면 그 이동을 거의 통제할 수 없는 부텐한자의 선박을 한자 상인들이 이용하는 것을 막아야만 교역 봉쇄를 유지할 수 있었다. 그래서 한자 총회는 교역 봉쇄를 앞두고 상품 하적과 선박 건조 및 선박 판매의 금지를 재확인하곤 했다. 교역 봉쇄가 해지되면 상인들은 부텐한자와 교역하는 회사의 설립이나 위탁 교역의 추진, 비한자 선박의 이용 등을 더 이상 자제하지 않았다. 금지 훈령을 실시해야 할 이유가 없어졌기 때문이다."(St. Jenks)

객상의 권리_ 비용 절감을 가져오는 상호성에 입각한 한자의 사업 관계, 부텐한자와 거래하는 교역 회사 및 신용과 관련된 한시적 경쟁 대처 방안 등은 고정된 형식을 취한 적이 없는 "한자 내 특혜 체계"(R. Sprandel)의 본질적 구성요소들이었으며, 이런 요소들의 힘을 빌어 한자 상인들은 경쟁에서 우위를 확보하려 했다. 또 다른 구성요소는 손님, 즉 객상의 권리Gästerrecht였다. 물론 한자 객상의 권리에 대한 규정은 상당히 모호했다. 많은 한자도시들에 정주한 외래 한자 상인들은 부텐한자와 별반 차이 없는 대우를 받았으며 그보다 못한 처우를 받을 때도 있었다. 예컨대 1442년 뤼베크는 도시 레발을 비난했는데, 러시아 상인들은 일주일 내내 상품을 팔 수 있는 반면, 독일 상인들은 일주일에 겨우 사흘 동안 상품을 판매할 수 있다는 것이 그 내용이었다. 이런 사정을 제대로 이해하려면 다음과 같은 점, 즉 너무 당연한 것이라 암묵적으로 인정되어온 규정이 위반되었을 시에는 이에 관한 서신과 문서들이 오갔고 그것들이 우리에게 전승된 반면, 그런 규정들이 준수된 일상의 상황은 전혀 기록되지 않았거나 예외적으로만 기록으로 남았다는 점을 고려해야 할 것이다. 그런 예외적인 기록으로는 젠데굿[21]의 판매를 금지한 도시 단치히의 조례나 한자도시들이 뤼베크(및 여타 도시들)에 보낸 많은 편지들, 즉 자기들 도시의 상인들도 뤼베크에서 한자 자유권을 얻게 해달라고 청원한 편지들을 들 수 있다. 하지만 이런 규정들도 시간이 흐르면서 변화하지 않을 수 없었다. 15세기 이래로 점차 경쟁이 치열해진 결과,—앞서 언급했듯—한자 상인들이 객상의 권리를 통해 누리는 특혜가 흔들리기 시작했으며, 더욱이—시의회가 다양한 주민 집단의 이해관계를 고려해야 하는—한자도시들뿐 아니라 한자 조직의 중심지에서도 이러한 현상이 나타났다. 예를 들어 프로이센 상인들이 14세기 후반 이후 거의 15년 간 동등권을 얻기 위해 애썼고 결국 이를 성취했던 노브고로트에서도 그런 현상은 나타났다. 약 100년이 흐르자 조

---

21 여기서는 젠데베 방식에 따라 타지 자본주에 의해 판매 목적으로 그 도시에 유입된 물품을 가리킨다.

이데르 해역 도시들은 베르겐 상관과 동등한 지위를 얻기 위해 한자 총회에서 소송을 제기할 수밖에 없었고, 리가에서도 이들은 여타 한자도시들의 상인들보다 법적으로 불리한 위치에 있게 되었다.

교역 봉쇄와 전쟁_ 한자의 가장 강력한 투쟁수단은—지극히 급박한 상황에서만 감행하는 군사적 대응을 제외한다면—교역 목적지에 대한 교역 봉쇄 조치였다. 12세기 말부터(당시에는 구튼 상인들과 연합해서 노브고로트에 대해) 15세기 중반까지(데벤테르[22]와 위트레흐트[23]를 대상으로 한 브뤼주 상관의 마지막 봉쇄) 한자의 교역 봉쇄는 많은 경우 성공을 거두었다. 방금 언급한 경우 외에 폴란드와 노르웨이, 잉글랜드, 스코틀랜드, 플랑드르, 프랑스, 카스티야[24]에 대한 봉쇄 및 황제 지기스문트의 명에 따라 수행된 베니스에 대한 교역 봉쇄(Ph. Dollinger)가 그 예이다. 물론 사료 부족으로 인해 이런 조처의 손익계산 결과는 제시되기 어렵다. 손익은 이런 조처가 종식된 후 획득된 특권을 기준으로 평가되어야 한다.

한 나라와의 왕래를 완전히 봉쇄하는 조처는 단 한 번(노르웨이 1284~85) 내지 노브고로트 교역의 특수한 조건들에서만(1180년대 및 1388~92) 시도되었다. 특히 한자의 주요 판로이자 구매지인 플랑드르에서는 대체로—도시 브뤼주 및 백작령을 대상으로—좀 더 유연한 조처, 즉 근처 도시로 하적지를 옮기는 조처를 취했으며, 이렇게 해서 그 지역과 한자의 교역 자체에는 커다란 지장이 없게 했다. 하지만 부르군트 공작이 네덜란드 대부분

---

22 오늘날 네덜란드 중동부에 위치한 도시.
23 오늘날 네덜란드 중부에 위치한 도시.
24 스페인 중부의 유서 깊은 지방.

의 영주가 되자 1451년 한자 상관은 멀리 떨어진 도시 데벤테르와 위트레흐트로 이주할 수밖에 없었고, 결국 교역 봉쇄는 절반의 성공만을 거둘 수 있었다.

한자 부분 공간들과 개별 도시들의 이해관계는 각양각색이었기 때문에 교역 봉쇄는 한자도시 동맹의 시험대가 되었다. 개별 도시나 지역의 저항이 있을 때면 이런 조처는 강제력에 의해서만 관철될 수 있었으니, 예컨대 1285년 브레멘은 논의에 불참했던 결의안을 받아들일 수밖에 없었다. 교역 목적지에서 경쟁자였던 상인 집단들과의 교역도 점차 증대하자 교역 봉쇄는 결국 효과 없는 조처가 되었으며, 경우에 따라서는 한자에 불리한 조처가 되기도 했다. 그럴 것이 한자 상인들이 부재하는 동안 경쟁자들이 유리한 위치를 차지했기 때문이다.

한자도시들이 최후로 취할 수 있는 정치적 수단은 전쟁이었다. 덴마크 발데마르 4세와의 전쟁에서 한자 상인들이 파운드 관세, 즉 전쟁 비용 조달에 참여했던 사실을 염두에 둔다면 우리는 충분히 '한자의 전쟁'이란 말을 할 수 있다(이에 관해서는 141쪽 이하를 참고할 것). 그러한 광범위한 참여는 1470~74년 잉글랜드와 전쟁을 벌였을 때도 나타났다. 하지만 그 밖의 경우 전쟁은 대개 벤드 지역 도시 집단들에 의해—이런저런 여타 도시(집단)들의 지원을 받아가면서—수행되었다. 대개의 경우 전쟁은 덴마크 국왕에 항거하는 것이었다. 덴마크 국왕들은 영토 확장 정책을 펼쳐 뤼베크-함부르크 육로를 위협했고 덴마크와 스웨덴 사이의 해협을 지배함으로써 해로를 통제하려 들었다. 그런데 이런 해로와 육로는 모두 한자 동서 교역의 주요 루트였다. 전쟁은 대개 해상에서의 나포 전쟁이었다. 육지에서의 전투는 지극히 드물었다.

IV. 몰락인가 이행인가? 한자 해체의 이유들

14세기 후반 이후로 플랑드르/잉글랜드와 북서부 러시아 사이의 중개무역에서 한자 상인들이 누렸던 지배적 위치와 독자적 정치 활동의 전제가 되었던 도시들의 상대적 자율성은 서로 긴밀히 결부된 두 가지 변화에 의해 위협을 받게 되었다. 첫 번째 변화가 가리키는 것은, 14세기 중반 이후 페스트 창궐로 유럽 경제 구조가 변화하고 또 이와 무관한 현상으로서 유럽의 경제 지대 및 교역로가 이전되며 16세기에 이르면 대서양 경제권마저 형성된다는 사실이다. 두 번째 변화는 교역 목적지 및 제국에서 나타난 근대적 국가로의 발전 경향을 가리킨다. 이런 경향으로 인해 한편으로 한자 상인들이 외국에서 누렸던 지위는—성문법의 시대에 예외적 교역 특권은 더 이상 정당화되기 어려웠으므로—시대에 뒤진 것이 되었고, 다른 한편으로 도시들 간의 자립적 교역의 가능성이—교역 정책보다는 그와 긴밀한 관계에 있는 정치·외교적 측면에서—점점 더 협소화되었다. 내부 위기에 대해 한자도시들—무엇보다 뤼베크를 중심으로 한 벤드 도시들—은 앞서 말한 여러 차례의 시도, 즉 외국 특허장에 기초를 둔 상인 한자를 정치적 동맹으로 변화시키려는 시도로 대응했지만 이런 시도는 번번이 실패로 끝났다. 외국에서의 문제에 대해 한자는 특권 고수의 정책으로 일관했으며, 이런 정책은 오늘날의 시각에서는 더 이상 시대에 부합하지 않았던 것으로 보이지만 당대 상인들에겐 근거가 있는 것이었고 또 대다수 한자 상인들의 경제적 이익에도 부합하는 것으로 여겨졌다. 하지만 이런 정책은 15세기 말 이후 형성된—미래에 속하게 될—복잡한 국제적 교역 체제의 요구에는 전혀 부응하지 못하는 것이었다. 그러나 한자가 직면한 최대의 딜레마는, 국가·경제적 생활환경이 복잡해진 결과 합의를 도출하기가 점점 더 어려워진다는 점에 있었다. 시간이 흐를수록, 그리고 회원 도시가 늘어날수록 한자의 연대성이란 것은 예외적 현상이 되었다.

1. 유럽 경제 구조의 변화

유럽 경제 구조의 변화와 15세기 초 시작된 한자 교역 체제의 와해

이상에서 보았듯, 개개 도시 집단은 물론 개개 도시들의 이해관계 또한 처음부터 복잡다단했다. 이처럼 상이한 이해관계는 13~14세기 전환기 이후로 더욱 복잡해졌는 바, 당시는 전성기 중세의 인구 증가 및 경제 성장

이 침체 국면에 접어든 시점이며, 이런 상황에서 1349/50~1367년 사이 3차례에 걸쳐 대규모로 발생한 페스트는 '후기 중세의 농업 위기'마저 초래했다. 한자 경제 공간에서 이런 변화의 여파가 얼마나 컸는지에 관한 논의는 아직도 진행 중에 있다. 이 시대에 관한 기존 논의에서 교역은 항상 예외적 현상으로 다뤄졌기 때문이다(E. Harder-Gersdorff). 하지만 1370년대 후반 이후로, 다시 말해 페스트의 세 번째 창궐로 인해 인구가 급격히 감소하고 봉건 영주의 공물 수입도 영향을 받고 특정 재화에 대한 수요가 증대해서 가격이 상승했던 시기가 지난 이후로 유럽의 수많은 지역에서 교역이 급속히 축소되었음을 보여주는 증거들이 존재한다. 뤼베크와 제노바에서는 선박에 의한 교역의 규모와 중요성이 축소되고, 잉글랜드에서도 유사한 변화가 나타났다. 은화 제조량이 뚜렷이 줄었는데, 이런 현상이 뤼베크에서는 14세기 후반, 여타 유럽 지역과 도시에서는 1395~1415년에 나타났다. 그 결과 절대적 화폐량이 현저히 감소했다.

이러한 점을 염두에 둔다면, 1380년대 이후로 경제가 급속히 상승세에 접어들었다는 일부 한자 연구자들의 주장은 견지되기 어려울 것이다(K. Fritz 등, H. Stoob). 또한 대넬[1]의 위대한 업적 이후 정치사적 경향의 한자 연구에서 흔히 대두된 견해, 즉 14세기 후반과 15세기를 "독일 한자의 번성기"로 가치 매김하려는 견해는 15세기 전반의 경기 침체를 고려할 때 재고되어야 마땅하다.

이런 상황으로 인해 한자는 쇼넨 및 잉글랜드에서 특권을 유지하기가 점점 곤란해졌으며 1388년 이후로는 브뤼주 및 노브고로트와의 교역 관계

---

[1] 에른스트 로베르트 대넬(Ernst Robert Daenell, 1872~1921)은 독일의 역사학자로 뮌스터 대학 교수를 역임했으며 중세 한자에 관한 많은 중요한 연구물을 남겼다.

에서도 어려움을 겪게 되었다. 그뿐 아니라 처음에는 한자의 내부적 현안으로 발생한 문제가 곧 외국 경쟁자들에 대한 대응과 직결된 핵심적 논점으로 발전했는 바, 그 문제란 덴마크와 스웨덴 사이의 해협을 통과하는 교역, 즉 발트해 공간 동부의 한자도시들과 서부 유럽을 잇는 이른바 '해협 통과 교역Umlandfahrt'이 점차 증대하는 현상을 가리켰다. 이러한 해협 통과 교역의 증대 역시 부분적으로는 시장의 축소로 인한 경쟁의 심화에 그 원인이 있었을 것이다. 그럴 것이 이 루트는 이미 13세기 후반부터 벤드 지역 한자도시들의 선박에 의해 심심치 않게 이용되었기 때문이다. 그러므로 선박 건조 기술의 발전이란 이유는 배제되어도 좋을 것이다. 이 교통로는 향후 약 200년 동안 한자의 서부 및 동부 지역 집단과 벤드 지역 도시들 사이에서 발생하는 지속적 갈등의 원인이 되었다. 벤드 도시들, 특히 뤼베크는 최소한 고가품 교역만은 자기 도시의 항구 및 육로를 거쳐 이뤄지게 하려 했다. 이들 도시는 덴마크와 불편한 관계에 있었기에 해협을 이용하기가 곤란했다. 그에 반해, 프로이센과 리보니아, 젤란트, 홀란드 및 조이데르 지역 도시들은 해협을 자유롭게 통과하여 서부 유럽과 대량 생산품을 교역하는 데에 관심이 있었다. 따라서 당대의 정치적 문제를 둘러싸고 양측은 심각한 의견 차이를 노정했다.

　15세기 초 한자는 홀란드 도시들과 최초로 갈등을 겪게 되었는데, 사실 홀란드 도시들은 제국의 일부로서 당시 도시 동맹과 제휴를 맺고 있었으며 13세기 이후로는 특히 쇼넨에서 독일 상인들의 특권을 함께 누리고 있었다. 디터 자이페르트Dieter Sdifert가 분명히 밝혀냈듯, 1438~41년 벤드 도시들과 홀란드 도시들의 반목은—홀란드인들이 이미 예전부터 갖고 있던—발트해 진출권을 둘러싼 싸움이 아니라 무엇보다 돈 때문에 발생한 다툼이었다. 즉 홀란드와 젤란트 도시들이 덴마크 전쟁 중에 벤드 도시들에 의해 나포된 선박들과 관련해서 손해배상을 요구했던 것이다. 반목이 종결된 후 양측은 "예전과 다름없이" 교역 관계를 유지했다. 정말로 문제가 불거진 것은, 1470년대 이후 홀란드인들이 다시금 젤란트 도시들을 신속히 몰아내고 발트해에서 자신들의 곡물 수요를 충족시켰을 때였다. 이때에야 비로소 발트해와 북해 사이의 통과무역에서 발트해 도시들이 누렸던 지배권이 홀란드인들의 해협 통과 교역에 의해 와해되었다. 홀란드인들은—특히 독점교역에 치중하던 잉글랜드와 달리—프로이센과 리보니아 도시들에서 환영 받는 교역 상대자였고—발트해 한자도시들의 선단 역량이 더 이상 서방의 수요에 부응할 만큼 충분하지 못했기 때문에—발트해 동부의 생산물을 서방으로 운송하는 과정에서도 중요한 보완역할을 해주었다.

15세기에 유럽 경제는 소수 동부 유럽 지역을 제외하면 심각한 경기 후퇴 상황에 있었다. 그렇지만 1460년대 이후로 여타 유럽에서 경기가 다시금 호전되자, 어쨌든 한자 공간의 북부 지역은 안정을 되찾는 것 같았다. 뤼베크의 교역은 15~16세기 전환기에 좀 더 심각한 위기에 처했는데, 이는 특히 이 도시의 성장에 기여했던 한자 교역 체제의 와해와 관계가 있었다.

서방에서 가장 중요한 교역 거점이었던 브뤼주의 시장은 점차로 그 중요성을 상실했다. 이 도시는 플랑드르의 직물 생산을 보호해야 했기에 잉글랜드산 직물을 배척했으며 직물 가공과 판로 개척은 안트베르펜에 일임해 왔다. 그런데 한자가 특허장을 부여받고 확고한 교역 관계도 맺고 있었던 플랑드르 지방의 전통적 직물산업은 당대의 전반적 경제위기로 인해 이미 심각한 타격을 입은 상태였다. 더욱이 1429년 잉글랜드 왕이 칼레[2]의

---

2 칼레(Calais)는 프랑스 북부 노르파드칼레 지방의 항구도시.

시장에서 현물 황금을 받고서만 잉글랜드산 양모를 판매키로 하는 화폐정책을 결행하자 1440년대 이후 플랑드르 지방의 직물산업은 붕괴할 수밖에 없었다. 그리고 브라반트 지방의 직물산업 중심지들이 그 자리를 대신하게 되었다. 15세기 말에 이르자 "중세의 세계교역시장"으로서 브뤼주의 종말은 더 이상 돌이킬 수 없는 사실이 되었다. 하지만 이 도시는 양모, 특히 스페인산 메리노 양모의 하적지로서 경제적 중요성은 유지할 수 있었다. 이제 북서부 유럽의 경제 중심지는 안트베르펜이었으며, 이 도시에서 저지독일 상인들은 특허장은 부여받았지만 경쟁에 특별히 유리한 특권은 더 이상 누리지 못했다. 그렇지만 빔 블로크만Wim Blockmann[3]이 지적했듯, 한자는 이런 변화에 너무 뒤늦게야 대응했다. 물론 그럴 만한 이유가 있었으니, 이들 상인은 플랑드르 지방에서 교역상의 법적 안정성을 확보하고 있었던 것이다. 1520년대에야 한자는 상관을 브뤼주에서 안트베르펜으로 이전시켰다.

이탈리아의 북방 교역은 잉글랜드와 프랑스 사이의 백년 전쟁과 플랑드르 양모 산업의 붕괴로 인해 브뤼주로 향하는 해상루트 대신 (다시금) 알프스 협곡과 고지독일을 경유해 안트베르펜 내지 브라반트 정기시로 향하는 내륙루트를 이용했다. 그리고 이런 정기시에서 이탈리아 상인들은 처음에 주로 잉글랜드산 직물을 구입했다. 15세기 중엽에는 고지독일 상인들도 이 정기시에 진출하여 무엇보다 쾰른 상인들에 대한 최초의 막강한 경쟁자가 되었다. 15세기 후반에 이르면 프랑크푸르트 암 마인은 물론 바이크셀 루트와 발트해를 통해서도 은과 동이 서방으로 운송되며, 이는 고지독일 상인들의 입지를 더욱 확고하게 다져주었다. 그리고 이때부터 고

---

3 빔 블로크만(1945년생)은 네덜란드 레이던 대학 중세사 교수이다.

지독일 상인들은, 안트베르펜과 메헬렌[4]에서 염색·가공된 잉글랜드산 직물의 수출에 점점 더 크게 관여하게 되었다. 한자도시들과 잉글랜드가 분쟁하는 와중에서 라인 강변의 대도시 쾰른이 취한 모호한 태도는 위와 같은 상황을 배경에 둔 것이었으며, 이로 인해 쾰른은 1470~71년 결국 한자에서 제명되기에 이른다.

잉글랜드의 상황은 우선은 비교적 유리한 편이었다. 잉글랜드 상인들은 1400년경까지 발트해 지역과의 동서교역에 주력했다. 그러다가 쾰른이 주도하는 남북교역이 가장 수익성이 좋은 잉글랜드-한자 관계로 부상했다. 이 교역의 주요 무대는 프랑크푸르트 암 마인과 안트베르펜 및 베르겐 오프 좀[5]의 정기시였고, 이때 한자 상인들은 거의 16세기 중반까지 잉글랜드산 직물 수출의 2/3에 해당하는 몫을 관장하고 있었다. 발트해 동부의 도시들, 특히 단치히는—아마도 경쟁에서 뒤쳐질 것을 우려하여—1380년경부터 발트해로 진출한 잉글랜드 상인들에게 이들 도시의 상인들이 잉글랜드에서 누리는 것과 동등한 권리를 부여하는 것에 저항했다. 그리하여 잉글랜드 왕실이 요구하는 상호 호혜주의를 내용을 한 1437년의 런던 협정은 독일 기사단 단장에 의해 승인되지 못했다. 이로 인한 불화는 1469년의 잉글랜드-한자 전쟁을 초래했고, 그 결과 뤼베크는 잉글랜드 교역에서 완전히 물러났으며 쾰른은 한자에서 제명되었다. 이때 눈에 띄는 점은 쾰른이 처한 궁지, 즉 이 도시가 잉글랜드와 교역 관계를 단절할 경우 막대한 손실을 입게 된다는 점을 여타 한자도시들이 전혀 배려하지 않았다는 점이다. 위트레흐트 조약은 무엇보다 상호 호혜원칙에 대한 잉글랜드의 포

---

[4] 오늘날 벨기에 중북부에 있는 도시.
[5] 베르겐 오프 좀(Bergen op Zoom)은 네덜란드 남서부 지방인 노르트브라반트에 있는 도시이다.

기를 명시했다. 그렇지만 장기적으로는 이 조약으로 인해 거의 모든 잉글랜드산 직물이 안트베르펜과 베르겐 오프 좀의 정기시로 수출되었고, 한자 상인들은 이곳에서 고지독일 상인들을 막강한 경쟁자로 만날 수밖에 없었다.

쇼넨의 시장들도 15세기가 경과하는 동안 중요성을 상실했다. 15세기 말 쇼넨의 시장들은 단순한 청어시장으로 변했으며, 이때 쇼넨산 청어들은 14세기 말 이후로 북해산 청어와 거센 경쟁을 벌이게 되었다. 북해산 청어는 품질이 다소 떨어졌지만 저렴했기 때문에 내륙 시장에서는 충분한 경쟁력을 갖고 있었다.

15세기 후반 아이슬란드 행 원격지 교역이 시작되었는데, 여기에는 무엇보다 잉글랜드인들이 적극적이었지만 한자 해역 도시들도 빠지지 않았다. 그런데 이 교역이 베르겐의 한자 교역이 유지하고 있던 위상을 흔들어 놓았다. 아이슬란드산 건어물은 소비자 시장으로 직행했으며, 그 결과 베르겐의 건어물 독점—특히 뤼베크는 이로부터 많은 이익을 얻어 왔다—이 무너졌다.

노브고로트와의 교역 또한 15세기에 현저히 감퇴했다. 노브고로트의 한자 정주지는 1494년 이 도시의 지배권을 가진 모스크바 대공에 의해서 폐쇄되었다. 1514년 이 정주지는 다시 개방되었지만 옛날과 같은 중요성은 되찾지 못했다. 이제 러시아와의 교역은 주로 리보니아의 도시들, 즉 러시아 측의 독점 교역과 연관된 도시들을 경유해서 이뤄졌다. 노브고로트에서의 권리 유지가 점점 불안해졌기 때문에 이런 경향은 이미 그 전부터 나타나고 있었다. 왜냐하면 독일 상인들은 리보니아 도시들에서 더 안전하게 러시아 재화를 구입할 수 있었기 때문이다. 하지만 리보니아 도시들에서 보호된 객상의 권리는 한자 상인들의 입장에서도 객상들 사이의 직접 교역에 장애가 되었다.

그렇지만 고지독일 상인들은 북서부 유럽뿐 아니라 15세기 중엽에 이르면 동부의 한자 경제 공간, 예컨대 단치히와 슈테틴에서도 주도적인 위치를 점하게 되었다. 뉘른베르크의 상사들은 가족 구성원을 뤼베크로 보내 시민권을 획득하게 했으며 이렇게 해서 북동부 유럽 시장으로 진출할 수 있었다. 무엇보다 벤드 지역의 한자도시들은 커다란 손실을 입었다. 왜냐하면 고지독일 상인들의 동방교역은 더 이상 프랑크푸르트 암 마인과 뤼베크를 경유하는 길이 아니라 주로 브레슬라우와 라이프치히를 경유해 발트해로 나아가는 육로로 이뤄졌기 때문이다(당시 브레슬라우가 한자에서 탈퇴한 이유도 여기에 있다). 뤼베크에서 입지를 확보하려 했던 이탈리아 상인들의 시도가 15세기 말 중단된 것도 이런 사정과 연관이 있을 것이다. 앞서 말했듯, 프로이센 및 리보니아의 한자도시들과 서부 유럽 사이에 해협 통과 직접 교역이 형성되었기 때문에 이제 이들 도시의 재화 중 일부만이 뤼베크를 경유하게 되었다.

16세기의 경제적 상황_ 해상에서의 활동 공간이 확장되자 유럽의 교통 체계도 새롭게 정비되었다. 세비야[6]와 리스본[7]은 신대륙과 아시아로 연결되는 교통 중심지가 되었으며, 안트베르펜은 생성 중인 대서양 횡단 교역에서 중계지 역할을 하게 되었다. 이러한 대서양 경제로의 편입은 유

---

6 오늘날 스페인 남부 안달루시아 지방의 도시.
7 오늘날 포르투갈 리스보아 지방의 도시.

럽의 상황 변화와 관련하여 점점 더 중요성을 획득했다. 한자의 입장에서 보면, 이는 낡은 한자 방식의 물품 공급에 의해서는 세계 교역에서 세력을 확장하기는커녕 기존의 지위도 유지하기가 어려워졌음을 뜻했다. 그래서 한자 해역 도시들, 특히 함부르크와 뤼베크 및 단치히는 16세기 중반 이후로 스페인 교역과 지중해 공간으로의 곡물 수출에 참여하려 애썼다. 함부르크는 가장 유리한 조건에 있었는데, 왜냐하면 이 도시는 엘베 강을 이용한 곡물 교역을 독점하고 있었고 주변 내륙 지역과 경제적으로 긴밀한 관계를 맺고 있었기 때문이다. 또한 함부르크는 라이프치히로의 교역로 이전에서도 이익을 얻었다. 도시 라이프치히는, 무엇보다 은값의 상대적 상승으로 16세기 말 고지독일 상인들의 교역이 몰락하자 중동부 유럽에서 대다수 동서교역과 북남교역의 교차점이 될 수 있었다. 그 후 17세기 말에 이르면 라이프치히-함부르크-암스테르담을 잇는 동북교역로가 가장 중요해졌으며, 이때 라이프치히는 독일의 주도적 정기시장이 되었다(M. North). 이미 17세기 초부터 상품 및 대금은 베니스-뉘른베르크-프랑크푸르트 암 마인-암스테르담을 경유하는 낡은 남서 루트 대신 베니스-뉘른베르크-함부르크-암스테르담을 경유하는 루트를 통해서 이동했다. 여기서 분명히 확인할 수 있듯, 함부르크는 새로운 대서양 네트워크에 의한 유럽 경제 재편성의 수혜자였으며 16세기까지 고지독일의 중심도시였던 뉘른베르크나 아우구스부르크를 어느새 추월하게 되었다. 함부르크 외에는 주로 발트해 동부 연안에 위치한 한자도시들이 새로운 경제 체제에서 이득을 보았다. 산업용 원료와 반제품 및 곡물에 대한 수요가 증대했기 때문에 이들 도시는 산업적 생산 중심지인 서부 유럽과 농산물과 원료를 공급하는 동유럽 배후지 사이의 분업에서 주요 수출항으로 기능했다. 그와 달리 내륙의 한자도시들은 해역 도시, 특히 함부르크와 뤼베크가 점점 더 엄격한 객상 정책을 펼쳤기 때문에 해상 교역에서 배제되었다. 한자 특권이 갖는—경쟁에서 유리한 입지를 선점케 했던—가치의 하락 외에 바로 이러한 점이 16세기에 점점 빈번해지는 한자 탈퇴와 제명의 이유가 되었다.

경제 외적 이유로는 제후 영토에서 나타난 경제적 변화를 들 수 있다. 영주의 봉토에서 생산된 산물이 도시 길드에서 생산된 산물과 경쟁하게 된 것이다. 이른바 '원산업Protoindustrie'[8]이 발생한 것인 바, 이는 영주가 도시의 독점권에 반하여 지원했던 산업이었다. 당시에는 행정 체계가 보다 엄격히 정비되자 통치권자들의 영토 장악이 더욱 강화되었다. 또한 제후들이 경제적으로 자립하기 시작했으며, 그 결과 16세기만 해도 부의 집중을 실현했던 거대 도시들에 대해 제후들이 더 이상 일방적으로 의존하지 않게 되었다. 게다가—특히 한자 공간의 동부 지역에서는—귀족들이 영지에서 생산된 농산물의 시장 판매를 직접 관리하기 시작했고 한자 상인들의 무시 못 할 경쟁자로 부상했다. 이미 16세기 초 한자 총회에 모인 시의회 대표자들은 유례없던 이런 경쟁자들에 관한 문제를 논하기 시작했다.

한자 교역 체계에서의 변화? 한자의 교역 조직은 그 생성시기부터 지속적으로 변화해 왔다. 그러나 한자는 상관 형식만은 변함없이 고수했으며, 이 형식은 원칙적으로 한시적 체류허가를 가진 원격지 교역단의 교역에 의존했다. 앞서 언급한 새로운 회사 형식들, 즉 국제적 차원의 관

---

8 중세 말~근대 초 농촌 지역에서 반농·반공의 미숙련 노동력을 집약적으로 이용했던 초기 산업 형태.

계를 가진 한자 상인들도 채택한 한 이 회사 형식들은 더 이상 한자 체계에 적합하지 않은 것들이었다. 한자는 점차 교역상의 진보에 반대하는 다수파 중소 상인들의 이해를 대변하는 조직으로 변한 듯하다. 이는 뤼베크와 푸거 가문[9] 간 분규의 와중에서 1511년 한자 총회가 결의한 (비한자) 거대 회사 상품의 통과무역 금지 조처 및 한자 총회가 황제에게 전달한 독점화 고발문에서만 표현된 것이 아니다. 한자의 법률고문 주더만[10]이 주도한 시도, 즉 안트베르펜에 상관을 재건하려 한 시도의 와중에서 제기된 다음과 같은 요구는 거의 기괴하다고까지 말할 수 있다. "오래 전부터 그곳에 정착하여 결혼을 하고 안트베르펜 주민 및 여타 외국인과 연대를 맺은 독일 상인들은 (…) 아내와 자식을 데리고 한자도시로 돌아와 살아야 하며 안트베르펜의 사업은 현지 체제 위탁상에게 맡겨야 한다. 그래야만 외국인들이 은근히 한자 특권을 함께 사용하고 한자 교역 내부로 침입하는 것을 막을 수 있다."(E. Pitz) 13명의 상인들이—이는 사소하다고는 볼 수 없는 숫자였다—이러한 요구에 따르는 것을 거부하고 차라리 한자 특권의 향유를 포기하는 편을 택했다. 그렇지만 법률고문의 요구는 교역 규모면에서 한자 내 2위의 자리를 점하고 있던 중규모 집단 상인들의 이익에 부합하는 것이었다. 이들은 새로운 대서양 경제와 연관된—위험성은 많지만 수익성은 좋은—서방 교역에는 관심이 없었고, 고향도시들에서 누리는 권리를 십분 활용하고 외국에서의 특허장을 고수하면서 전승된 지위를 유지하는 데만 급급했다. 오늘날의 입장에서도 이러한 정책이 그릇된 것이었

---

9 15~16세기 유럽 상업계를 독점하고 막강한 정치적 영향력을 행사했던 독일의 상업·금융 가문.
10 하인리히 주더만(Heinrich Sudermann, 1520~1591)은 쾰른의 도시 유력자 가문에서 출생하여 쾰른 대학에서 법학을 공부했으며 후일 법률가이자 한자의 법률고문으로 활동했다.

다고는 말하기 어렵다. 16세기에 해역 도시들은 경제적으로 번영하고 있었으며, 이들의 전통적 지위는 우월한 고지독일 대회사들의 활동에도 불구하고 유지될 수 있었다. 예를 들어, 뤼베크는 유럽의 동 시장에서 압도적 우위에 있는 푸거 가문과 30여 년을 다투다가 결국 패했지만, 1600년경 스웨덴과 서방 사이의 동 교역은 여전히 뤼베크를 경유했다. 또한 16세기 중반 네덜란드로의 곡물 수출에서 단치히 상인들의 교역 활동이 차지하는 몫은 여전히 전체 교역량의 절반에 가까웠다. 다시 말해 네덜란드인들은 여전히 발트해 공간 화물 운송에서 큰 몫을 담당하고 있었다. 이즈음부터야 홀란드 상인들이 집중적으로 발트해 공간에 진출하기 시작했다. 그 후로 홀란드인들은 발트해 항구들에서 가장 큰 수출 지분을 획득할 수 있었으며, 그 때문에 발트해 경제가 암스테르담의 국제 시장에 편입되었다.

그렇지만 한자의 해역 도시들 또한 "장구한 16세기"의 경제적 도약에서 이익을 얻었다. 과거 한자 경제권이었던 지역의 시장을 둘러싼 두 경쟁 세력의 성공은 어쨌거나 우월한 교역 기법에 근거한 것은 아니었다. 그럴 것이 잉글랜드인이나 홀란드인이나 이 지역에서는 한자를 추월하기가 어려웠기 때문이다. 이런 맥락에서 에른스트 피츠가 지적하는 바에 따르면, 1567년 함부르크로 진출했을 때 '모험 상인단Merchant Adventurers'[11]은 한때 한자의 세력 강화의 근간이 되었던 것과 동일한 조직 형식, 다시 말해—세부적인 점에서도 한자와 유사성이 있었던—엄격한 중세적 길드 체계를 갖추고 있었다. 이와 연관해 피츠는 정당히도 이런 물음, 즉 이제 성공을 거둔 한자의 영도 집단들은 "한자의 하적권 및 특허장을 가능한 한 오랫동안

---

11 15세기 초부터 1806년까지 네덜란드 및 독일 북서지역과 교역한 잉글랜드 상인들을 지칭하는 말.

IV. 몰락인가 이행인가? 한자 해체의 이유들

고수하려 할 필요는 없게"된 것이 아닐까라는 물음을 제기했다. 잉글랜드 상인들이 한자에 비해 우월했던 점은 강력한 잉글랜드 왕실의 후원을 받았다는 점과 외국에서 수요가 많은 자국 생산품이 풍부했다는 점이다. 홀란드인들의 사정도 비슷했지만, 이들은 잉글랜드인들과 달리 자유무역상[12]으로 활동했다. 이들이 집중한 수출 지향적 생산업 및 용역업은 비약적으로 성장했으며, 13~14세기 이들의 사업 확장 초반의 핵심적 재화는 일찍이 한자를 성장시켰던 재화, 즉 청어와 맥주, 직물, 소금 및 선박항해 관련 용역업이었다. 하지만 홀란드인들은 이미 당시부터 더욱 저렴한 가격으로 재화를 제공했다. 그러나 한자 상인들과 달리, 홀란드인들은 발전된 수출업에 기대어 도시와 시골을 통합하는 경제를 구축할 수 있었고, 또한 수출 활동에 대규모로 참여하지 않고 거의 전적으로 중개 무역에 집중함으로써 여전히 중세적 도시 경제에 갇혀 있던 한자보다—"네덜란드 자본Dutch Capitalisim" 생성 이전에—우위를 점할 수 있었다.

2. 정치적 상황: 속령화와 법치화

한자도시들이 누린 상대적 자치권의 위기_ 14세기 중반 이후로 제국 내 제후들은 자기네 속령에 포함된 도시들의 자치권을 다시 축소시키려고 애쓰기 시작했다. 1350년경까지는 제후와 귀족 및 도시들의 혼성 동맹이 압도적으로 많았고 그 일차적 목표가 지역 평화에 있었던 반면, 그 이후로는 도시 및 도시 집단들이 자유에 대한 점증하는 위협에 맞서 자기

---

[12] 왕실 등의 후원이나 보호 없이 교역을 했던 상인을 지칭한다.

들끼리 뭉치기 시작했다.

두 번째 문제는 14세기의 마지막 삼반 세기 동안 수많은 한자도시들에서 발생한 내부 소요사태였다. 소요의 직접적 유발자는 쾰른과 브라운슈바이크, 함부르크, 뤼베크 및 슈트랄준트마다 천차만별이었지만, 이 모든 소요 사태는 페스트의 창궐로 인한 경제적 난국 및 생존자들의 심리적 상태에서 기인했다. 브라운슈바이크는 이 도시의 시장이 여덟 명이나 맞아 죽은 후에 한자로부터 제명되었으나 1380년 다시 가입되었다. 기존 연구에서는 도시 유력층을 기반으로 한 시의회가 다시 설치되지 않은 채 제명과 가입 등의 사건이 일어난 과정이 제대로 설명되지 않았으나, 피츠와 젱크스가 제기한 새로운 주장, 즉 도시 공동체의 융화 단절의 재건 과정을 강조한 주장(110쪽 이하를 참고할 것)은 강한 신빙성을 갖는다.

이처럼 위기가 증대하자 한자는 보다 정비된 법제를 갖추고자 노력했다. 쾰른 동맹은 한자도시들과 비한자도시들이 최초로 시도한 연맹의 형태였다. 이 동맹은 덴마크 발데마르 4세와의 두 번째 전쟁(1368~69)을 주도했으며, 이 전쟁에서 승리한 후 체결된 슈트랄준트 평화협정은 과거 한자 연구에서 한자의 정점으로 해석되곤 했다. 그렇지만 최근 20~30년 동안 '한자의 전쟁'이란 것 자체가 성립될 수 있는가라는 물음이 제기되었다. 그럴 것이 한편으로 니더작센과 베스트팔렌 지역의 도시 집단들이 이 전쟁에 참여하지 않은 반면, 다른 한편으로 에이셀 호[13] 지역의 도시들은 물론—외견상 한자에 속하지 않았던—홀란드의 도시들과 젤란트의 도시들이 각기 암스테르담과 브리엘[14]의 지휘를 받고서 참전했기 때문이다. 더욱이 일

---

13 에이셀 호(Ijssel)는 네덜란드 북부와 중부에 걸쳐 있는 호수이다.
14 오늘날 네덜란드 남서부 쥐트홀란트 지방에 있는 도시.

부 제후들도 이 동맹에 참여했다. 우리가 한자를 하나의 합의체Einung로 파악한다면, 한자의 전쟁이란 것도 말할 수가 있다. 그럴 것이 한편으로, 홀란드와 젤란트의 도시들은 제국의 일원이었기에 이미 오래 전부터 쇼넨에서 독일 상인들의 권리를 공유했고 더불어 한자 합의체의 일원이기도 했기 때문이다(과거 한자 연구에서는 한자와 홀란드의 경쟁 관계를 거의 자명한 것으로 간주했지만, 이런 경쟁은 처음부터 존재하지 않았다D. Seifert). 다른 한편으로, 한자 합의체의 핵심적 특징 중 하나는, 그 어떤 도시에도 그때그때 지시권자의 뜻을 따를 의무가 없었다는 점이다. 예컨대 쾰른 동맹에 직접 참여한 도시들이 전쟁에 불참한 도시들에 대해서도 당연한 듯 덴마크 특허장의 갱신을 허용했던 것도 이런 원칙 때문이었다. 이 원리의 법적 근거는, 도르트문트 시의회가 뤼베크에 보낸 서한에서 분명하게 표현되고 있다. 그 서한에 따르면, 도시 도르트문트는 덴마크 왕에 대항해 멀리 떨어진 바다에서 일어난 전쟁은 자신들의 현안으로 간주하지 않았다. 그렇지만 도르트문트 상인들은 전비 조달을 위해 부과된 파운드 관세를 해역 도시들에 지불했으며, 이렇게 해서 한자 합의체 회원으로서 의무를 다했고 평화조약에 참가할 수 있는 자격을 획득했다.

발데마르와의 전쟁이 끝난 후 뤼베크는 이 동맹을 보편적 한자 결성체로 바꿔보려 시도했지만, 이런 시도는 번번이 실패로 돌아갔다(103쪽 이하를 참고할 것). 자치권을 누리는 수많은 한자도시들에 대한 영주들, 즉 도시 통치권을 가진 제후들의 첫 번째 공세는 1440년대에 시작되었으며, 브란덴부르크의 도시들과 작센 도시 동맹에 속한 일부 도시들, 메클렌부르크와 포어포메른의 벤드 한자도시들이 이런 공세에 부딪혔고 1490년대에는 브라운슈바이크가 장기간 포위 공격에 시달렸다. 그렇지만 다음과 같은 사실 또한 주목받아야 할 것이다. 즉 조스트는 쾰른 대주교에게 도시 지배권을 선언하고는 클레베 공작의 보호 아래 들어갔고, 일부 프로이센 도시들은 폴란드 왕을 군주로 선택했다. 이처럼 당대에 도시 통치권을 가진 군주를 도시들이 교체하고 선택한 것은 도시 자치권의 정점으로 향하는 마지막 일보였다. 물론 이런 두 경우 모두에서 중요한 것은 권력정치상의 지형이었으며, 이들 도시는—이미 막대한 세력을 가졌지만—이런 지형을 활용하려 했다.

이런 맥락에서 연구되어야 할 중요한 대상은, 일찍부터 자율권을 누려왔던 한자도시의 복속과 상인 한자에서의 탈퇴 사이에 정말로 어떤 연관성이 있는가 하는 문제이다. 도시 베를린이 브란덴부르크 선제후에 복속하고 그 후인 1452년 한자에서 탈퇴했다는 사실은 오늘날까지도 양자의 연관성을 보여주는 대표적 사례로 꼽힌다. 하지만 베를린은 1516~18년에야 비로소 한자에서 제명되었으며, 사료가 보여주듯 그 사이 수십 년 동안 이 도시의 상인들은 한자 교역에 능동적으로 참여했다! 아마도 속령의 군주에게 복속한 한자도시 출신 상인들의 사업 활동을 자세히 조사해 본다면 베를린의 경우와 유사한 결과를 얻게 될 것이다.

하지만 이미 15세기에 이르면 자발적 탈퇴 또한 시작되었다. 노르트하임Northeim[15]은 여타 도시들로부터 받는 지원에 비해 도로세 지불이 너무 비싸다는 이유로 1431년 작센 도시 동맹에서 탈퇴했으며, 더 이상 한자에 대한 소속감을 갖지 않았기에 1434년 총회에는 대표단을 파견하지 않았다. 그리고 도시 브레슬라우의 시의회는 1469년 '한자에 남으면 망하고 한자에서 나오면 성하리'라는 내용의 편지를 총회에 보냈다. 이 도시는 1474년 한

---

15 독일 니더작센 지방의 도시.

자에서 탈퇴했으며, 그 결과 한자는 동부 유럽의 가장 중요한 날개를 잃게 되었다.

15~16세기 전환기에 시의회 대표단들은 새로운 규정 요소들을 도입함으로써 조직을 정비하려 시도했다. 이런 조처에 의해 시의회 대표단들은 더 이상 충분한 자치권을 갖지 못한 많은 도시들도 외국의 한자 특권을 누릴 수 있게 하고 그 대신 한자 총회의 결의안과 관련된 비밀 준수를 엄수케 하려 했다. 1518년 뤼베크에서 개최된 한자 총회에서는 "어떤 도시를 총회에 초청하고 어떤 도시를 상인 특권으로 보호해야 하는가" 하는 문제가 협의되었다. 그리하여 한자도시들의 목록이 낭독된 후 예컨대 윌첸Uelzen[16]에는 특권을 부여하지만 총회에는 초청하지 않고, 스타르가르트Stargard[17]와 안클람Anklam[18]은 총회에 초청하고, 골노브Gollnow[19]는 초청하지 않고, 슈테틴 상인들의 특권 향유와 상관 입장은 다시 허용되지만 이들의 총회 참석 여부에 관해서는 좀 더 논의해 보기로 결의되었다. 이 총회에서는 슈텐달Stendal[20]과 잘츠벤델Salzwendel[21] 및 베를린이 한자에서 제명되었다.

16세기: 종교개혁과 동맹록

16세기 한자의 조직 재편 노력도 종교개혁이 수반한 당대의 어수선한 분위기를 피할 수는 없었다. 종교개혁이 한자에 미친 영향은 네 가지로 볼 수 있다. 첫째로, 한자는 황제와 제국에

---

16 오늘날 독일 니더작센 지방 동북부에 있는 도시.
17 오늘날 폴란드 북서부에 있는 도시.
18 오늘날 독일 동북부 끝에 있는 도시.
19 오늘날 폴란드 북서부에 있는 도시로 폴란드식 명칭은 골레니오브(Goleniow).
20 오늘날 독일 중부 작센안할트 주에 있는 도시.
21 오늘날 독일 중부 작센안할트 주에 있는 도시.

대해 거리를 넓혔고, 둘째로 종교개혁 운동의 다기한 전개과정에서 도시들의 결속이 느슨해졌으며, 셋째로 슈말칼덴 동맹[22]에 적극적으로 가담했던 한자도시들은 황제와의 싸움에서 패한 후 막대한 재정적 부담을 지게 되었다. 네 번째 영향은 구조적인 종류의 것이었다. 신성 로마 제국의 제후들과 북방 제국의 왕들은 교회재산의 유입으로 막대한 재정적 수단을 확보할 수 있었으며, 그 결과 도시와의 역학관계에서 우위에 서게 되었다. 게다가 제국신분들Reichstände[23]은 아우구스부르크 종교화의[24]에 의해 독자적 국가 형성의 권리라 할 만한 것을 제국으로부터 보장받게 되었다. 이후로 저항 행위는 치안교란죄로 치부되었으며 단죄 받지 않는 경우가 드물어졌다. 그 결과 제국은 저지독일 제후들에게도 매력적인 대상이 되었다. 그럴 것이 제후들의 지배력 강화와 단일화는 '황제'나 '제국'의 이름을 내건 체계의 힘에 기댈 때 정당성을 얻고서 관철될 수 있었기 때문이다. 상대적으로 자치권은 누렸지만 그 법제와 자율권에서 제국법적 정당성마저 주장할 수는 없었던 다수 한자도시들은 편입과 예속의 압박에 점점 더 노출되었다. 1557년 '동맹록Konföderationsnotel'[25](아래의 내용 참조)에서 그 정점에 달한 한자의 조직 재편 노력은 새로운 상황에 대한 한자의 대응이었다

---

[22] 독일 종교개혁 기간 동안 신성 로마 제국의 프로테스탄트 국가들이 로마 가톨릭 황제 카를 5세의 공격으로부터 신생 루터파 교회를 보호하기 위해 결성한 동맹으로 1531년 슈말칼덴에서 결성되어 1547년 강제로 해산되었다.

[23] 신성 로마 제국 의회의 의원자격을 갖고 있던 제 신분과 결사를 지칭하는 말.

[24] 1555년 9월 29일에 독일 아우구스부르크의 제국 의회에서 가톨릭과 루터파 사이에 결성된 종교 평화의 규정.

[25] 1557년 뤼베크의 한자 총회에서 결의된 63개 한자도시들의 동맹으로 종교개혁과 슈말칼덴 동맹에 기인한 불안정 상태를 극복할 목적으로 한자 조직의 재편을 추구했다. '동맹록(Konförderationsnotel)'은 원래 이 동맹에 관한 규정집을 뜻하지만, 이 동맹 자체를 지칭하기도 한다.

(G. Schmidt).

15세기에는 제국과 거리를 취했던 한자도시의 영도 집단들도 16세기에 들어서면 동맹 회원 도시들의 제국신분 획득에 지대한 관심을 보였다. 예컨대 북부 독일의 한자도시들은 1555년 아우구스부르크 제국 의회에 독자적 신분의 자유도시로 참석하여 종교화의에 개입하려 했지만, 이 시도는 좌절되었다(R. Postel). 그렇지만 예를 들어 제국 기사계층이나 제국 동맹 내의 백작들과 달리 한자도시들은 왕에 직접 복속된 것이 아니라 (후일 표현되듯) 병합된mediatisieren[26] 것이었기 때문에 수많은 법제적 문제가 열려 있었다. 하지만 이러한 과정들에 현혹되어 역사적 사실로부터 눈을 돌려서는 안 된다. 그럴 것이 16세기 중반에도 "제국과 국가"는 여전히 "모든 형태의 자치적 지배행사를 통합시킬 수 있을 만한 유연성"을 보여주었다 (G. Schmidt). 당대인들에게는 얼마 간 선택의 폭이 있었고, 변화와 발전은 예견 가능하지 않았다.

한자가 보다 긴밀한 (도시 간) 동맹을 구축하려고 노력했다는 사실은 그 총회의 횟수에서 이미 드러난다. 1535~1552년에는 겨우 3차례의 한자 총회가 열렸고, 1555~1567년에는 14차례로 늘어났으며, 1568~1597년에는 5차례로 다시 축소된 반면, 1598~1621년에는 20차례나 총회가 열렸다. 한자의 활동이 활발했던 시기와 별로 그렇지 못했던 시기는 확연히 구별된다. 1554년과 1557년의 총회에서 한자는 법제적 조직화란 면에서 전례가 없는 모습을 보여주었다. 1554년에는 회원 도시들의 연례 회비 납부와 그 액수가 합의된 반면(5년치를 선납부하기로 결의되었다), 1557년의 한자 총회에서는 63개 도시가—15세기 토호페자테와 유사하게—10년 한시로 동맹을 맺고 정확히

---

[26] 어떤 집단의 지배층에 일정한 권리를 보전해 주고서 그 집단을 병합하는 것.

규정된 의무를 수행하기로 했으며, 그 내용은 동맹록에 기록되었다.

이 동맹은 1579년 시한을 연장했고 원칙적인 면에서 보자면 30년 전쟁 발발 전까지 유지되었다. 그러나 독립적인 한자 회계국의 설치까지는 이르지 못했다. 자금의 입출금과 회계는 중구난방으로 검증 불가능하게 처리됐기 때문에—대개의 경우는 뤼베크나 다른 특정 도시가 필요한 금액을 선지출했다—1612년 회계국이 신설됐지만 (쇠락한) 상관들에서 들어오는 수입에는 한계가 있었다. 따라서 이 회계국에서는 큰 액수의 지출은 담당할 수 없었다. 이미 1556년부터 한자에는 법률지식을 가진 인물이 상설 법률고문직을 담당하고 있었다. 쾰른의 영도 집단 가문 출신인 하인리히 주더만은 6년 임기로 법률고문직에 선출됐으며, 그 후 평생직으로 임명되었다. 그는 사망 전까지 법률고문으로 모든 한자 총회에 참석했고 한자 현안과 관련해서 약 50차례나 외교 사절로 파견되었다. 게다가 그는 안트베르펜의 한자 상관 설치를 주도하고 그 사업을 책임졌다. 1576년 주더만은 한자의 서류 총록을 만들고 한자의 역사를 서술하는 과업 및 당시까지 통일되지 않았던 한자 해상법을 체계화하는 업무를 위탁 받았다. 이 업무에서 중요한 것은 한자 특허장과 권리의 현상태를 조사하는 것이었으며, 이는 무엇보다 잉글랜드와의 분쟁 때문에 필요한 것이었다. 이때 역사 서술은 특허장과 권리의 시기별 변모 과정을 밝혀내기 위한 것이었던 듯하다. 다시 말해 그가 위임받았던 역사 서술은 쇠락의 시대에 흔히 대두하는 과거 찬미의 목적을 가졌던 것이 아니라 당시 정치 문제의 해결을 위한 것이었던 듯하다. 주더만의 후계자인 요한 도만Johann Doman(1605년 임명)에 이르러서야 이런 계획들 중 최소한 한 가지가 종결될 수 있었다. 그가 기안한 해상법이 1614년 한자 총회에서 '존경할 만한 한자도시들의 선박조례 및 해상법'이란 이름으로 가결되었다.

3. 외국의 상황

상관과 외교_ 외국 관계에서의 변화는 한자 교역에 핵심적으로 중요했던 두 광대한 지역이 14세기 후반 통합됨과 더불어 시작되었다. 플랑드르는 1384년 브르군트 공작령에 통합되었고, 덴마크와 노르웨이 및 스웨덴은 1397년 칼마르 동맹을 결성했다. 두 제국 지배자의 권력과 영향력은 예전보다 훨씬 강대해졌으며, 따라서 한자 중개상들은 특허장을 유지하기가 더욱 어려워졌다.

토마스 베르만Thomas Behrmann은 한자 중개상과 잉글랜드, 부르군트, 덴마크 및 이들 궁정 사이의 접촉 형태에 관해 연구를 개진한 바 있으며, 이를 통해—물론 지역에 따라 차이는 있지만—모든 나라에서 15세기 이후로 통치권자와 한자 대표들 사이의 간격이 점점 더 커졌다는 점을 밝혀내었다.

1460~1480년에는 잉글랜드와 부르군트 및 덴마크가 서로 간에 사전 약속된 바가 없이 한자도시들의 특허장을 축소시키거나 거부하는 일이 최초로 발생했다. 이들 나라의 통치자들과 마찬가지로 얼마 후에는 이반 3세[27] 또한 "제후란 서부와 북부의 도시들이 오래 전부터 효과적 논거로 삼았던 법적 선임자들의 정책에 더 이상 구속될 필요가 없다"고 천명했다. 이미

---

27 이반 3세(Iwan Ⅲ, 1440~1505)는 모스크바 대공으로 대러시아 영토의 대부분을 정복이나 제후들의 자발적 순종에 의해 복속시켰다.

여기서는 "과거 지역들이 누렸던 권리의 잔존물에 대해 행사할 수 있는 자신의 권력을 절대적인 것으로 파악하는 통치자의 입장"이 드러나고 있다.

한자도시 사절단과의 만남에서 통치자들이 건네는 인사말이나 의례에서는 점점 더 상하의 거리가 노정되었다. 따라서 한자도시 사절단은 왕국의 인사나 궁정 고문들과 접촉을 유지해야만 했으며, 이는 상관에 주어진 과제의 하나였다. "15세기 상관에서 인력이 증가하고 권리도 확대되었던 이유는 이런 맥락에서 설명된다." 상관들은 지역 사정(예컨대 잉글랜드 왕의 문지기가 얼마나 많은 급료를 받으며 프랑스 왕은 어떤 선물을 좋아한다는 정보)에 밝았다. 하지만 상관의 이러한 세력 증대는—특히 런던의—상관과 한자 총회 사이의 갈등이 특히 15세기 이후로 크게 불거진 이유가 되기도 했다(Th. Behrmann). 한자는 명목뿐이 아닌 규제방식에 의해서 상관의 자치권을 제한시키려 했다. "15세기 중반까지 상관 총회에서 결의되는 조례는 85퍼센트를 상회했으며 상관 운영자들이 일시적으로나마 초청국의 현안에도 관여했던 반면, 1470년 이후로는 개별 상관의 자체 입법 활동이 한자 총회에 의해 금지되었다. 상관의 현안은 우선 한자 총회에 보고되어 총회에 의해 적절히 논의되었고, 그 해결 방안이 상관에 다시 전달되었다. 물론 이렇게 해서 현안의 처리 방법을 결정할 때까지 더 많은 시간이 소요되었다."(N. Jörn) 그래서 지역의 많은 상인들은 한자의 상관 조직에서 벗어나고 차라리 한자 특권을 사용하지 않는 편을 택했다.

한자와 유럽 열강_ 16세기 이후로 제국에서는 한자에서 자발적으로 탈퇴하거나 영주의 훈령에 의해 탈퇴하는 경우 외에 당시까지 상대적 자치권을 누렸던 발트해 북동부 한자도시들이 새로운 국가 형성체에 포섭되는 현상이 나타났다. 1558년 이반 3세는 도르파와 나르바를 정복했으나 리가와 레발 정복에는 실패했다. 1559년에는 레발과 뤼베크 사이의 전쟁이 일어났는데, 레발은 당시 스웨덴의 보호지배를 받고 있었으며, 뤼베크는 러시아의 정복 이후에도 나르바에서 교역 활동을 지속시키고 있었다. 이는 한자로 '통합'되어 활발히 참여했던 도시들 사이에 일어난 최초의 전쟁이었다. 이 여파로 리보니아의 도시들이 스웨덴 혹은 폴란드-리투아니아의 지배를 받게 되었다. 레발은 1561년 스웨덴 왕에게 복속했지만 한자에 계속 머물 수 있는 권리를 인정받았고, 이 권리는 17세기 중에 확실한 보장 받았다. 레발과 리가는 16세기 후반부터 한자 총회에 더 이상 참가하지 않았다(〈지도 2〉 참조). 1669년 리가는 총회의 초청을 받았지만 이를 거절했다. 그 결과 한자는 북동부의 날개마저 잃게 되었다. 〈지도 2〉에서 확인할 수 있듯, 한자 총회 참석의 가능성과 의지는(이는 한자 회원권과 동일시될 수 있는 것은 아니었다)—1579년 이후의 단치히를 제외한다면—오데르 강 서편의 도시들에서만 표출되었다. 다시 말해, 한자 총회 참석율은 12세기 한자가 발생한 지역이기도 한 엘베와 니더라인/에이셀 사이의 내륙 지역에서 현저히 높게 나타났다.

15~16세기만 해도 한자는 도시 동맹이라는 구래의 방식으로 그들의 자유를 지키려 했던 반면, 16세기 말에 이르면 이러한 자유란 보호세력이나 강력한 파트너와 동맹을 맺음으로써만 장기적으로 보장될 수 있다는 점이 점점 더 명백해졌다. 주권 국가는 점점 더 정치적 실천과 사유의 이상이 되었으며, 그리하여 이른바 중간 권력(자신과 황제 사이에 또 다른 군주)이 도시 간 교역의 영역에서 배제되기 시작했다. 그러나 여타 집단들과 뭉

처 강력한 연합을 형성하려 했던 17세기 한자의 모든 노력은 아주 다양한 이유에서 별로 성공을 거두지 못했거나 그저 기대감만 품게 하는 시도로 머물렀다. 고지독일 제국도시들이나 네덜란드 국회Generalstaaten와의 협상은—한자와 네덜란드 국회는 잉글랜드에 대한 적대감은 공유했지만 스페인과의 관계에서는 입장을 달리했다—성공하지 못했으며, 결국 한자는 일종의 중립주의를 표방하는 방책을 취했다. 영국과 심각한 갈등을 겪고 있던 한자는 스페인 편으로 기울어졌지만, 1588년 스페인 무적함대의 전멸은 한자에게 결코 유리한 사건이 아니었다. 16~17세기 전환기에 스페인 왕가 및 합스부르크 가문의 빈 왕가는 한자와 제휴를 시도했으며, 특히 빈의 왕가는 그들 경제의 토대인 발트해 교역에서 네덜란드인들을 몰아내기 위해 이런 제휴에 열의를 보였다. 그렇지만 모든 함대를 끌어 모아 스페인의 적들에게 나포 전쟁을 수행하려 한 황실의 의도에 한자는 포섭되지 않았다. 교역경제적 측면만 따져도 한자는 이런 동맹을 받아들일 수가 없었다. 만약 이를 받아들일 경우, 한자는 발트해 연안의 개신교 국가들과 교역을 중단하고 후속적인 보복조치로 인해 사업상의 불이익을 감수해야 할 입장에 처할 것이었기 때문이다. 1628년 시의회 대표단은 스페인-합스부르크 측의 제안을 거절하기로 결정을 내렸다.

전반적으로 보아 이런 일련의 정치적 사건들은, 거대 영토국가의 권력이 어느새 한자도시들의 군사력을 능가하게 되었음을 보여주는 것이었다. 정치적으로는 그 어느 세력과도 제휴하지 않는 것, 즉 어느새 발트해에서 가장 강력한 팽창주의 국가로 부상한 스웨덴은 물론 덴마크와 군소 영주들(현상태를 유지할 수 있고 최후로 남은 자치 도시들의 자유에 위협이 되지 않는 한) 그리고 당연히 황제와도 제휴하지 않는 것이 현명했다. 30년 전쟁 초엽에는 제국의 이런 불안정한 상황으로 인해 아직 회원으로 남아 있는 도시들마저 총회 참가에 점점 더 소극적인 태도를 보였다. 이런 맥락에서 1629년이라는 해는 한자 역사에서 핵심적 중요성을 갖는 해인 바(H. Duchhardt), 당시 한자도시들은 뤼베크와 함부르크 및 브레멘에 한자 현안의 처리를 일임해 버렸다. 하지만 이것이 곧 "한자의 해체"를 뜻했다고 말하기는 아직 이르며, 또 다른 상황 전개가 숙지될 필요가 있다(H. Duchhardt). 당대인들에게는 이런 와해의 과정이 아직 인지되지 않았음이 분명하다. 그럴 것이 1630년 세 도시의 결속은 수세적 연합의 성격을 갖는 것이었으며, 이들의 권한은 일정한 제한을 가질 수밖에 없었다. 1641년 이 세 도시의 '한자 연합foedus Hanseaticum'은 개정안에 의해 10년 시한을 갖게 되었고 연장 가능성도 명기되었으며, 실제로 1651년 다시 연장되었다.

4. 한자와 베스트팔렌 조약

베스트팔렌 조약에 참여한 한자도시들의 대표단, 특히 이를 이끈 뤼베크의 법률고문이자 후일의 시장 다비트 글록신David Gloxin의 목표는 무엇보다도 30년 전쟁으로 야기된 교역상의 난항을 해소하는 데 있었다. 하지만 관세 수입을 포기할 마음이 없었던 영주 계층들 때문에 이 목표 실현에는 한계가 있었다. 오스나브뤼크 평화문서 17항 10조와 11조에서 "한자도시들civitates Anseaticae"은 황제령과 스웨덴령으로 편입되었다. 평화문서 10항 10조에서는 평화조약에 의해 스웨덴 지배 아래 있게 된 한자도시들(비스마르, 슈트랄준트, 그라이프스발트)에게도 제국 안팎에서의 자유로운 교역과 항해가 허용되었다(R. Postel).

평화 협정 조인에 한자도시들이 참가하고 제국 법률문서에서 그 이름이 최초로 거론된 점은 한자 대표단이 이룬 커다란 성과 중의 하나였다. 이때 뤼베크와 브레멘, 함부르크 3개 도시 대표단은 자기 도시의 관심사 뿐 아니라 회원으로 남은 여타 한자도시들의 이익도 실제로 대변하려 애썼다. 그러나 한자의 이러한 법제적 인정은 너무 뒤늦게야 얻은 소득이었다. "국가 형성 전쟁"(G. Schmidt)으로서의 30년 전쟁이 끝나자 북해와 발트해 공간에서는 거대한 영토 병합이 이뤄졌으며, 그 결과 자치 도시들의 결성체인 한자는 실존 가능성을 잃게 되었다. 17세기의 50~60년대에는 좀 더 거대한 한자 동맹을 재건하려는 시도가 있었지만, 그 마지막 시도인 1669년의 뤼베크 한자 총회에는 겨우 여섯 도시의 시의회 대표단이 참석했고—다른 3개 도시는 전권 위임장을 보냈다(〈지도 2〉 참조)—별다른 의결사항 없이 1차례의 회의로 끝을 맺었다.

한자의 역사가 시작된 날짜를 정확히 집어내기 어렵듯, 한자의 종말 시기 또한 특정 연도로 제시할 수는 없다. 한자는 좀 더 살아남았으며, 1684년 황제 레오폴트 1세는 도시 뤼베크에 한자 총회를 개최하여 대 투르크 전을 위한 기금을 모아달라고 요청하기도 했다. 뤼베크와 함부르크 및 브레멘의 3개 도시 연합은 이후에도 한자 이익을 대변하는 역할을 맡는 바, 네이메헨 평화회담[28] 동안에는 국제법적 차원에서 이런 노력을 기울였고 강력한 외교적 네트워크를 통해서도 힘을 쏟았다. 물론 시간이 지날수록 뤼베크와 함부르크 및 브레멘은 각자의 이익 추구에 더욱 관심을 기울였다. 아무튼 1697년 레이스웨이크 평화회담[29]에서도 3개 한자도시는 자신들의

[28] 발트해의 상업적 영향력을 둘러싸고 스웨덴—덴마크 동맹과 네덜란드 사이의 벌어진 전쟁을 끝낸 평화회담(1678~79년).

상업적 이익에만 열을 올릴 뿐 한자적 공동체 의식은 거의 보여주지 않았다(H. Duchhardt). 1754년 한자의 역사에서 베르겐 상관은 사라졌으며, 베르겐에는 이른바 노르웨이 상관이란 것이 생겨났다.

법제라는 면에서 한자는 흥미로운 학문적 주제가 되었다. 17~18세기의 국가법 학자들은 한자의 본질에 관해 그리고 자율적 도시 동맹의 법제적 위상에 관해 무수한 논쟁을 벌였고, 속령에 속하지만 사실상은 자치권을 누렸던 그 지위를 표현하기 위해 '혼합 도시civitas mixta'라는 법제적 범주를 창안하기도 했다. 이러한 논의는 1806년 구제국이 해체되고 그 법제 또한 역사 속으로 사라지게 되었을 때야 중단되었다. 하지만 그와 비슷한 시기에 괴팅엔 대학의 역사학 교수 게오르크 자토리우스 폰 발터하우젠Georg Satorius von Walterhausen에 의해 한자에 관한 역사학적 논의가 시작되었다. 물론 그는 정치적 혼란의 시대인 당대에 이 "무해한 (...) 대상"이 "반쯤 망각된 골동품" 취급을 받아 왔기에 연구를 시작하는 것이라는 입장에 있었다. 고로 한자 역사에 관한 연구는 '주변적 학문Nischenwissenschaft'으로 시작된 것이라 할 수 있다(K. Friedland). 한자 역사 연구는 19세기 전반에야 이런 주변적 위치에서 벗어날 수 있었고 대중적으로 인기 있는 독일 역사학의 분야로서 활성화되었다. 하지만 그와 동시에 한자 역사의 마지막 살아 있는 증좌였던 슈탈호프(1852)와 안트베르펜의 상관 건물(1862)이 한자 3개 도시인 뤼베크와 함부르크와 브레멘에 의해 매각되었다. 베를린에 소재한 3개 한자도시의 사무국은 1920년에야 폐쇄되었다.

---

29 프랑스가 잉글랜드, 네덜란드, 스페인, 신성 로마 제국을 상대로 벌인 전쟁을 끝낸 조약(1697년).

후기

　　초판이 간행되고 8년이 지난 이제 새로운 연구 결과와 경향을 반영할 필요가 있게 되었다. 하지만 새로운 것을 가미하려면 가뜩이나 간략한 기존 내용 중 많은 것을 더욱 압축시킬 수밖에 없었다. 나는 서술의 엄밀한 짜임새를 유지하면서 이런 변화를 주는 작업이 성공적이었기를 희망한다. 수정과 보완은 무엇보다 12~13세기 원격지 교역단에 관한 절들 및 한자 교역 조직에 관한 절들에서 빈번히 이뤄졌다. 참고문헌도 최근 성과를 반영하여 보완했다. 이 책의 집필에 도움을 준 모든 문헌의 저자들에게 이 자리를 빌려 감사드리며, 본문에 거론된 이름은 이런 저자들 중 일부에 지나지 않음을 밝혀둔다. 더불어 색인 작업을 도와준 율리아 나팔로브스키 부인께도 감사드린다. 앞서의 세 판본과 마찬가지로 나는 제4판 역시 아내 브리기트와 아이들 로타와 라세, 미켈, 마티에게 바친다. 늘 후원과 배려를 아끼지 않고, 이따금 즐거운 마음으로 연구를 떠날 수 있게 해주었던 것에 진심으로 감사하면서.

랄프 하멜-키조

2008년 5월

참고문헌

아래 문헌 목록은 한자 역사를 전반적으로 다룬 저술 및 이 책에서 인용되거나—인용되지 않았더라도—직접 관련이 있는 저술들 중 일부를 선별해 놓은 것이다. 이 책에서 저자 이름이 명시되지 않은 인용문은 그 단락에서 언급된 저자의 책에서 따온 문장으로 이해하면 된다. 이 책의 Ⅲ장은 에른스트 피츠가 최초로 정리한 한자 법제사에 근간을 두고 있으며, 이 장에는 직접 인용문이 전혀 없지만 그 내용은 전적으로 피츠의 연구에 의지하고 있다.

학술지

Die Hansischen Geschichtsblätter (HGbll.) (1871년 이후 간행): 한자 역사에 관한 논문들을 수록하고 있으며 개개 연구의 최근 간행물과 관련해서 포괄적 정보를 제공하는 학술지.

전반적 서술

Ph. Dollinger, *Die Hanse*, 5., erweiterte Aufl. Stuttgart 1998: 예나 지금이나 가장 방대하면서 신뢰할 만한 문헌.

H. Stoob, *Die Hanse*, Graz u. a. 1995: 가장 최근의 문헌.

K. Fritze, J. Schildhauer, W. Stark, *Die Hanse*, Berlin 1974.

K. Page, *Die Hanse*, neu herab. von. Naab, Braunschweig 1983: 많은 도판을 포함하며 대중적 인기 또한 누린 문헌.

J. Schildhauer, *Die Hanse*, Geschichte und Kultur, Leipzig 1984: 문화사적 경향의 문헌.

K. Friedland, *Die Hanse*, Stuttgart 1991: 한자 역사의 다양한 측면을 다룬 다수의 논문을 수록한 문헌.

J. Bracker (Hg.), *Die Hanse – Lebenswirklichkeit und Mythos*, Bd. 1, Hamburg 1989 (인용 약호: Kat. Hamburg); Neuauflage (판형과 도판 개수 축소) hg. von J. Bracker, V. Henn u. R. Postel, 4. Aufl. Lübeck 2006: 두 차례의 한자 전시회와 관련해서 간행된 책자로 다양한 논문으로 구성된 방대한 문헌.

M. Puhle (Hg.), *Hanse-Städte-Bünde. Die sächsischen Städte zwischen Elbe und Weser um 1500*, Bd. 1, Magdeburg 1996(인용 약호: Kat. Magdeburg) – .

Ⅰ. 머리말

R. Hammel-Kiesow, *Europäische Union, Globalisierung und Hanse. Überlegungen zur aktuellen Vereinnahmung eines historischen Phänomens*, in: HGbll. 125, 2007.

H. Wernicke, *Die Städtehanse 1280~1418. Genesis-Strukturen-Funktionen*, Weimar 1983.

A. von Brandt, *Die Hanse und die nordischen Mächte im Mittelalter*, in: *Lübeck, Hanse, Nordeuropa*. Gedächtnisschrift für A. v. B., hg. von K. Friedland u.a., Köln u.a. 1979.

E. Pitz, *Bürgereinung und Städteeinung. Studien zur Verfassungsgeschichte der Hansestädte und der deutschen Hanse*, Köln u.a. 2001.

위의 책의 서평 자료들

HGbll. 120, 2002 (Th. Behrmann).

Zs. d. Vereins für Lübeckische Geschichte u. Altertumskunde. 82, 2002 (P. Oestermann).

E. Müller-Mertens, H. Böcker, *Konzeptionelle Ansätze der Hanse-Historiographie*, in: diess. (Hg.), Konzeptionelle Ansätze der Hanse-Historiographie, Trier 2003.

Zs. für Histor. Forsch. 31, 2004 (P. Schulte).

R. Hammel-Kiesow, *Vergleichende Ansätze in der hansischen Geschichtsforschung*, in: Vergleichende Ansätze (아래 II장의 문헌을 볼 것).

B. Fahlbusch, *Bemerkungen zur Führungsgruppe des hansischen Verbandes 1560~1572*, in: M. Stolleis (Hg.), Recht, Verfassung und Verwaltung in der frühneuzeitlichen Stadt, Köln u.a. 1991.

O. Mörke, *Der gewollte Weg in Richtung "Untertan"*, [...], in: H. Schilling u.a. (Hg.), Bürgerlichen Eliten in den Niederlanden und in Norwesdeutschland, Köln u.a. 1985.

Beiträge zu führenden Historikern, in: Hansische Geschichtsblätter (이하

HGbll로 축약 표기) 114, 1996.

W. von Stromer, *Der innovatorische Rückstand der hansischen Wirtschaft*, in: Festschrift H. Helbig, hg. von K. Schulz, Köln u.a. 1976.

St. Jenks, *War die Hanse kreditfeindlich?*, in: Vierteljahrsschrift für Sozial- und Wirtschaftsgeschichte 69, 1982.

R. Sprandel, *Die Konkurrenzfähigkeit der Hanse im Spätmittelalter*, in: HGbll. 102, 1984.

R. Holbach, *Frühformen von Verlag und Großbetrieb in der gewerblichen Produktion (13.-16. Jahrhundert)*, Stuttgart 1994.

A. Cordes, *Spätmittelalterlicher Gesellschaftshandel im Hanseraum*, Köln u.a. 1998.

S. Selzer, U. Ewert, *Verhandeln und Verkaufen, Vernetzen und Vertrauen. Über die Netzwerkstruktur des hansischen Handels*, in: HGbll. 119, 2001.

diess., *Die Neue Institutionenökonomik als Herausforderung an die Hanseforschung*, in: HGbll. 12, 2005.

St. Jenks, *Transaktionskostentheorie und die mittelalterliche Hanse*, in: HGbll. 123, 2005.

C. Jahne, *Netzwerke in Handel und Kommunikation an der Wende vom 15. zum 16. Jahrhundert am Beispiel zweier Revaler Kaufleute*, Habil. masch., Kiel 2004.

II. 한자는 어떻게 생성되었나?

Pitz, *Bürgereinung* (I장의 문헌을 볼 것).

D. Ellmers, *Die Entstehung der Hanse*, in: HBbill. 103, 1985.

C. Jahnke, *Das Silber des Meeres. Fang und Vertrieb von Ostseehering zwischen Norwegen und Italien bis zum 16. Jh.*, Köln u.a. 2000.

D. Kattinger, *Die gotlandische Genossenschaft. Der frühhansisch-gotländische Handel in Nord- und Westeuropa*, Köln u.a. 1999.

R. Hammel-Kiesow, *Neue Aspekte zur Geschichte Lübecks: von der Jahrtausendwende bis zum Ende der Hansezeit* [...], in: Zs. des Ver. für Lübeckische Geschichte 78, 1998.

N. Jörn u.a. (Hg.), *Genossenschaftlichen Strukturen in der Hanse*, Köln u.a. 1999.

N. Blomkvist, *The Discovery of the Baltic. The Reception of a Catholic World-System in the European North (AD 1075~1225)*, Leiden u.a. 2005.

C. Jahnke, *Handelsstrukturen in Ostseeraum im 12. und beginnenden 13. Jahrhundert. Ansätze einer Neubewertung*, in: HGbll. 126, 2008.

R. Hammel-Kiesow, *Determinanten des Handels zwischen dem Ostseeraum und Niederdeutschland vom 10. bis zum 13./14. Jh.*, in J. Sarnowsky, B. Schmidt (Hg.), Die Kontinuität der hansischen Dimension im balitischen Raum, Hamburg (2008년 간행 예정).

G. Dilcher, *Stadtherrschaft oder kommunale Freiheit — Das 11. Jahrhundert ein Kreuzweg?*, in: J. Jarnut u.a. 1998.

R. Schmidt-Wiegand, *Hanse und Gilde. Genossenschaftliche Organisationsformen im Bereich der Hanse und ihre Bezeichnungen*, in: HGbll. 100, 1982.

H. von Bosau, *Slawenchronik*, neu übertragen v. H. Stoob, Darmstadt 1973.

H. W. Haussig, *Die Geschichte Zentralasiens und der Seidenstraße in islamischer Zeit*, 2. Aufl. Darmstadt 1994.

H. M. Klinkenberg, *"Bürgerliche Bildung" im Mittelalter?*, in: R. Schützeichel (Hg.), Studienzur Deutschen Literatur des Mittelalters, Bonn 1979.

O. G. Oexle, *Gilde und Kommune. Über die Entstehung von "Einung" und "Gemeinde" als Grundformen des Zusammenlebens in Europa*, in: P. Blickle (Hg.), Theorien kommunaler Ordnung in Europa, München 1996.

P. Moraw, *Hansestädte, König und Reich im späteren Mittelalter*, in: R. Hammel-Kiesow (Hg.), Vergleichende Ansätze in der hanischen Geschichtsforschung, Trier 2002.

F. Kaspar, *Das mittelalterliche Haus als öffentlicher und privater Raum*, in, Die Vielfalt der Dinge [...], Wien 1998.

W. Ebel, *Hansisches Recht, Begriff und Probleme*, in: ders. (Hg.), Probleme der deutschen Rechtsgeschichte, Göttingen 1978.

Th. Behrmann, *Über Zeichen, Zeremonielle und Hansebegriff auf hansischen Tagfahrten*, in: V. Henn (Hg.), Die hansischen Tagfahrten zwischen Anspruch und Wirklichkeit, Trier 2001.

Ders., *"Hansekaufmann", "Hansestadt", "Deutsche Hanse"? Über hansische Terminologie und hansisches Selbstverständnis im späten Mittelalter*, in: Bene vivere in communitate [...], hg. von Th. Scherf u.a., Münster u.a. 1997.

Lars Berggren u.a. (Hg.), *Cogs, Cargoes, and Commerce. Maritime Bulk Trade in Northern Europe, 1150~1400*, Toronto 2002.

C. von Blanckenburg, *Die Hanse und ihr Bier. Brauwesen und Bierhandel im hansischen Verkehrsgebiet*, Köln u.a. 2001.

III. 한자는 어떻게 조직되었나?

Pitz, *Bürgereinung* (I장의 문헌을 볼 것) - 기본서 (III장의 내용은 피츠의 이 책에 근거하지만, 일일이 인용표시는 하지 않았다).

Wernicke, *Städtehanse* (I장의 문헌을 볼 것).

U. Meier, *Mensch und Bürger: die Stadt im Denken spätmittelalterlicher Theologen, Philosophen und Juristen*, München 1994.

W. Bode, *Hansische Bundesbestrebungen in der ersten Hälfte des 15. Jhs.*, in: HGbll. 25, 1919; 26, 1920/21; 31, 1926.

M. Puhle, *Organisationsmerkmale der Hanse*, in: Kat. Hamburg.

B. Fahlbusch, *Kaufleute und Politiker. Bemerkungen zur hansischen Führungsgruppe*, in: Vergleichende Ansätze (II장의 문헌을 볼 것).

Ders.: *Zwischen öffentlichem Mandat und informeller Macht: Die hansische Führungsgruppe*, in: HGbll. 123, 2005.

J. L. Schipmann, *Politische Kommunikation in der Hanse (1550~1621), Hansetage und Westfälische Städte*, Köln u.a. 2004.

R. Sprandel, *Die Interferenz von Gesellschaften und Genossenschaften im hansischen Handel*, in: Genossenschaftliche Strukturen (I장의 문헌을

볼 것).

Cordes, *Gesellschaftshandel* (I장의 문헌을 볼 것).

Jenks, *War die Hanse kreditfeindlich?*, (I장의 문헌을 볼 것).

N. Jörn, u.a. (Hg.), *Genossenschaftliche Strukturen in der Hanse*, Köln u.a. 1999 (I장의 문헌을 볼 것).

Selze, Ewert, *Verhandeln* (I장의 문헌을 볼 것).

Diess., *Neue Institutionenökonomik* (I장의 문헌을 볼 것).

Jenks, *Transaktionstheorie* (I장의 문헌을 볼 것).

Jahnke, *Netzwerke* (I장의 문헌을 볼 것).

W. von Stromer, *Ein hansischer Konzern im 15. Jahrhundert und sein poltisches Engagement*, in: Drucksache des 6. Intern. Kongresses für Sozial- und Wirtschaftsgeschichte, Kopenhagen 1974.

F. Irsigler, *Der hansische Handel im Spätmittelalter*, in: Kat. Hamburg.

M. North, *Kreditinstrumente bzw. Kreditinnovationen im hansischen Norden*, in: Vergleichende Ansätze (Ⅱ장의 문헌을 볼 것).

St. Jenkens, *Das hansische Gästerecht*, in: HGbll. 114, 1996.

Sprandel, *Konkurrenzfähigkeit* (I장의 문헌을 볼 것).

Henn, *Die hansischen Tagfahrten* (Ⅱ장의 문헌을 볼 것).

Th. Behrmann, *Der lange Weg zum Rezeß. Das erste Jahrhundert hansischer Versammlungsschriftlichkeit*, in: Frühmittelalt. Studien 36, 2002.

A. Pichierri, *Die Hanse-Staat der Städte. Ein ökonomisches und politisches Modell der Städtevernetzung*, Opladen 2000.

N. Jörn u.a. (Hg.), *"kopet uns werk by tyden". Beiträge zur hansischen und preußen Geschichte. W. Stark zum 75. Geb.*, Schwerin 1999.

Ⅳ. 몰락인가 이행인가?

A. Graβmann (Hg.), *Niedergang oder Übergang? Zur Spätzeit der Hanse im 16. und 17. Jahrhundert*, Köln u.a. 1998.

E. Harder-Gersdorff, *Theoretische Ansätze zur Erklärung wirtschaftlicher Entwicklung im hansischen Wirtschaftsraum in vorindustrieller Zeit (1150~1800)* – 미출간 원고.

Fritz u.a. (Hg.), *Hanse*, u. Stoob, *Hanse* ('전반적 서술'의 문헌을 볼 것).

D. Seifert, *Kompagnons und Kokurrenten. Holland und die Hanse im späten Mittelalter*, Köln u.a. 1997.

W. P. Blockmanns, *Konfliktregelung der Hanse in Fladern 1393~1451*, in: *Die Niederlande und der europäische Nordosten […]*, von H. Menke, Neumünsger 1992.

M. North, *Von der atlantischen Handelsexpansion bis zu den Agrarreformen (1450~1815)*, in: Tausend Jahre deutsche Wirtschaft […], München 2000.

E. Pitz, *Steigende und fallende Tendenzen in Politik und Wirtschaftsleben der Hanse im 16. Jahrhundert*, in: HGbll. 102, 1984.

G. Schmidt, *Städehanse und Reich im 16. und 17. Jahrhundert*, in: Niedergang (Ⅳ 장의 첫 문헌을 볼 것).

R. Postel, *Der Niedergang der Hanse*, in: Kat. Hamburg.

Th. Behrmann, *Herrscher und Hansestädte. Studien zum diplomatischen Verkehr im Spätmittelalter*, Habilitationsschrift Münster 1996, Hamburg 2004.

N. Jörn, *Zwischen Eigenständigkeit und Unterordnung. Die Auseinandersetzungen zwischen Stalhof und Hansetagen um die Kontorordnungen*, in: ders. u.a. (Hg.), Genossenschaftliche Strukturen (Ⅱ장의 문헌을 볼 것).

H. Duchhardt, *Die Hanse und das europäische Mächtesystem des frühen 17. Jahrhunderts*, in: Niedergang (Ⅳ 장의 첫 문헌을 볼 것).

R. Postel, *Zur "erhaltung dern commmercien und darüber habende priviegia". Hansische Politik auf dem Westfälischen Friedenskongreβ*, in: H. Duchhardt (Hg.), Der Westfälische Friede, München 1998.

G. Schmidt, *Der Dreiβigjährige Krieg*, 4. Aufl. München 1999.

K. Friedland, *Vom sittlichen Wert geschichtlicher Erkenntnis − Georg Sartorius' 1802/1808 erschienenes Werk über den Hanseatischen Bund*, in: HGbll. 116, 1998.

E. Schubert, *Novgorod, Brügge, Bergen und London: Die Kontore der Hanse*, in: Concilium medii aevi 5, 2002.

N. Jörn, *"With money and bloode". Der Londoner Stalhof im Spannungsfeld der englisch-hansischen Beziehungen im 15. und 16. Jh.*, Köln u.a. 2000.

N. Jörn u.a. (Hg.), *Beiträge der Internationalen Tagung in Brügge, April 1996* (Hansekaufleute in Brügge, T. 4), Frankfurt/Main u.a. 2000.

A. Vandewalle (Hg.), *Hanzekooplui en Medicibankiers. Brugge, wisselmarkt van Europese culturen*, Oostkamp 2002.

A. Graβmann (Hg.), *Ausklang und Nachklang der Hanse im 19. und 20. Jh.*, Trier 2001.

I. Richefort, B. Schmidt (dir./Hg.), *Les relation entre la France et les villes hanséatiques de Hambourg, Breme et Lübeck. Moyen age — XIXe siecle/Die Beziehungen zwischen Frankreich und den Hansestädten Hamburg, Bremen und Lübeck. Mittelalter — 19. Jh.*, Brüssel 2006.

찾아보기

【ㄱ】

건어물 134

경쟁자 54, 122, 126, 130, 132, 134, 137

고슬라르 20

고지독일 28, 80, 119, 121, 132, 134, 135, 136, 139, 151

고틀란드 37, 42, 45, 46, 47, 65, 66, 67, 78, 81, 85

고틀란드 조합 40, 66, 78, 101

곡물 36, 51, 52, 53, 131, 136, 139

공동 조합 68

공동체 25, 40, 42, 47, 58, 61, 63, 67, 70, 71, 74, 75, 77, 84, 85, 93, 94, 95, 96, 100, 102, 104, 106, 108, 110, 111, 112, 115, 141, 154

교역량 73, 121, 139

교역법 99

구 뤼베크 35, 41, 43

구튼족 상인 42, 45, 46, 49, 67

그라이프스발트 50, 77, 102, 152

금 80

길드 62, 63, 64, 67, 68, 70, 83, 89, 115, 137, 139

길드 회관 49, 68, 70, 83

【ㄴ】

내륙도시 25, 73

네덜란드 17, 51, 88, 125, 139, 140, 151

네트워크 30, 118, 119, 121, 136, 153

노르웨이 16, 19, 34, 37, 46, 49, 52, 53, 54, 83, 86, 87, 125, 148, 154

노브고로트 45, 46, 47, 49, 50, 54, 65, 66, 67, 68, 69, 70, 77, 78, 83, 84, 85,

93, 98, 101, 107, 118, 124, 125, 129, 134
뉘른베르크 80, 120, 121, 135, 136

【ㄷ】

단치히 13, 17, 50, 118, 120, 121, 124, 133, 135, 136, 139, 150
대량 생산품 35, 130
대서양 경제 127, 135, 138
덴마크 20, 35, 45, 49, 50, 51, 52, 86, 97, 109, 126, 130, 131, 141, 142, 148, 151
도르트문트 20, 66, 68, 69, 142
도르파트 17, 50, 81
도시 공동체 33, 38, 39
독일 기사단 46, 71, 75, 99, 129
독일 기사단 50, 75, 79, 103, 133
독일 제국 34, 36, 37, 42, 63, 64
동 132, 139
동방이주 28, 51, 52, 60
동의 68, 78, 92, 93, 94, 95, 96, 99, 110
동일성 70
동쪽에서 온 사람들 26, 89

【ㄹ】

러시아 17, 19, 20, 34, 35, 42, 45, 46, 47, 53, 57, 69, 72, 81, 122, 124, 127, 134, 150
런던 19, 40, 49, 52, 56, 57, 65, 68, 70, 79, 83, 85, 98, 133, 149
레발 13 17, 81, 93, 120, 124, 150,
로스토크 48, 53, 76, 77, 92, 93
뤼네부르크 43, 109
뤼베크 19, 20, 24, 29, 35, 41, 42, 43, 44, 45, 46, 47, 48, 49, 50, 52, 53, 60, 61, 62, 65, 66, 67, 68, 69, 72, 74, 75, 76, 77, 78, 81, 84, 85, 87, 88, 89, 90, 92, 93, 98, 100, 101, 102, 103, 104, 106, 107, 109, 110, 120, 121, 124, 126, 128, 129, 130, 131, 133, 134, 135, 136, 138, 139, 141, 142, 144, 147, 150, 152, 153, 154
리가 13, 17, 37, 45, 47, 60, 65, 66, 68, 75, 77, 78, 81, 93, 125, 150
리보니아 18, 24, 46, 47, 60, 81, 85, 121, 130, 131, 134, 135, 150

【ㅁ】

마그데부르크 27, 35, 48, 55, 74
모피 34, 35, 45, 46, 52, 54, 121
모험 상인단 139
뮌스터 27, 66, 76

【ㅂ】

법률고문 114, 138, 147, 152

베르겐 19, 49, 52, 53, 68, 69, 84, 85, 89, 98, 118, 125, 133, 134, 154

베스트팔렌 24, 25, 34, 43, 48, 49, 55, 76, 85, 106, 141

베스트팔렌 조약 152

벤드 한자도시 142

복식부기 30, 120

브라반트 81, 122, 132

브라운슈바이크 27, 30, 55, 73, 87, 112, 113, 141, 142

브레멘 20, 57, 66, 107, 126, 152, 153, 154

브레슬라우 18, 30, 106, 120, 135, 143

브뤼주 19, 53, 54, 68, 75, 79, 80, 81, 84, 85, 89, 98, 105, 118, 119, 120, 121, 125, 129, 131, 132

비스마르 50, 76, 92, 93, 152

비스비 17, 18, 47, 49, 66, 67, 69, 77, 78, 79, 81, 93

【ㅅ】

산업 21, 29, 36, 51, 113, 136, 137

상관 19, 20, 24, 65, 66, 69, 70, 72, 73, 78, 84, 85, 86, 89, 105, 106, 118, 125, 126, 132, 137, 138, 144, 147, 149, 154

상업 부기 119

상인 위원회 69, 70, 86

상인 조합 25, 28, 40, 53, 60, 63, 65, 66, 67, 68, 69, 70, 74, 75, 77, 78, 87, 89, 91, 92, 93, 95, 98, 101, 103, 108

상인법 28, 30, 75, 84

상인법정 93, 107

서약동맹 39, 98

선교 46, 47

선박 16, 38, 44, 45, 67, 72, 81, 123, 129, 130, 131, 140, 147

성 베드로 호프 46, 66, 84, 93

소금 43, 44, 54, 140

소매상 28, 118

쇼넨 16, 43, 52, 69, 84, 101, 129, 130, 134, 142

슈탈호프 49, 52, 154

슈테틴 48, 120, 135, 144

슈트랄준트 50, 76, 77, 93, 110, 141, 152

슐레스비히 18, 34, 35, 40, 41, 42, 43, 45

스몰렌스크 47, 49, 66

스웨덴 17, 34, 42, 45, 52, 85, 101, 120,

126, 130, 139, 148, 150, 151, 152
스톡홀름 17, 18, 52
스페인 19, 30, 132, 136, 151
시민 공동체 27

【ㅇ】
안트베르펜 80, 120, 121, 131, 132, 133, 134, 135, 138, 147, 154
암스테르담 120, 121, 136, 139, 141
엘베 28, 35, 42, 49, 55, 136, 150
엘빙 13, 17, 50, 87
영도 집단 60, 61, 62, 110, 112, 113, 115, 139, 147
영주 22, 30, 39, 40, 47, 57, 58, 59, 60, 62, 63, 64, 66, 67, 68, 72, 74, 76, 88, 108, 109, 110, 126, 129, 137, 142, 149, 151, 152
오스나브뤼크 76, 78, 93, 152
왁스 34, 35, 45, 46, 51, 54, 121
원격지 교역단 40, 46, 62, 64, 65, 68, 70, 71, 79, 84, 86, 99, 115, 117, 137
위탁 116, 117, 123, 147
은 34, 41, 46, 51, 122, 132, 136
의결 25, 87, 92, 96, 97, 98, 99, 100, 103, 107, 153
의사록 27, 87, 92, 97, 98, 99, 105, 114

이탈리아 19, 30, 39, 54, 72, 80, 117, 119, 121, 122, 132, 135
인구 33, 36, 43, 51, 71, 82, 128, 129
잉글랜드 19, 37, 46, 48, 49, 51, 52, 53, 54, 57, 64, 67, 72, 79, 80, 81, 83, 85, 87, 88, 89, 96, 98, 103, 105, 125, 126, 127, 129, 131, 132, 133, 134, 139, 140, 147, 148, 149, 151

【ㅈ】
작센 24, 34, 42, 43, 47, 55, 67, 93, 108, 141, 142, 143
장로 57, 60, 66, 68, 69, 70, 85, 86, 89, 91, 98, 99, 105, 106
전권 72, 93, 96, 98, 100, 102, 103, 107, 153
전권 위임 93, 95, 96, 104
정기시 49, 52, 54, 56, 65, 71, 72, 73, 79, 80, 81, 122, 132, 133, 134
제후 20, 37, 38, 42, 77, 79, 108, 137, 140, 142, 145, 148
조스트 35, 40, 66, 69, 143
주민 38, 51, 58, 68, 94, 108, 124, 138
중대한 사안 94, 95, 100, 104, 108
지역 동맹 101, 103, 104
지역 연맹 24, 69, 109

직물 46, 80, 117, 131, 132, 133, 134, 140

【ㅊ】

청어 16, 43, 44, 46, 52, 54, 77, 82, 134, 140

초청 107, 144, 150

초청장 93, 95, 104

츠볼레 17, 107

【ㅋ】

코레 62

쾰른 18, 20, 30, 35, 48, 49, 56, 57, 64, 68, 93, 102, 104, 106, 109, 120, 132, 133, 141, 143, 147

쾰른 동맹 141, 142

크라카우 18, 51

【ㅌ】

토른 50, 87, 120

특권 41, 42, 47, 57, 75, 84, 92, 105, 106, 107, 108, 125, 127, 128, 129, 130, 132, 137, 138, 144, 149

특허장 20, 25, 69, 70, 83, 84, 85, 86, 89, 92, 101, 106, 128, 131, 132, 138, 139, 142, 147, 148

【ㅍ】

페스트 82, 127, 129, 141

폴란드 17, 51, 72, 79, 125, 143, 150

프랑스 19, 34, 35, 53, 79, 82, 125, 132, 149

프랑크푸르트 암 마인 132, 133, 135, 136

프로이센 24, 28, 50, 79, 85, 124, 130, 131, 135, 143

플랑드르 19, 34, 35, 38, 39, 46, 48, 51, 53, 54, 64, 65, 69, 72, 73, 79, 81, 83, 84, 87, 88, 101, 125, 127, 131, 132, 148

【ㅎ】

하적 41, 79, 80, 123, 125, 132

한자 정주지 134

한자 제명 110

한자 총회 25, 27, 85, 87, 90, 94, 95, 97, 98, 99, 102, 103, 105, 107, 109, 110, 117, 123, 125, 137, 138, 144, 146, 147, 149, 150, 153

함부르크 20, 29, 35, 45, 49, 53, 64, 68, 72, 74, 76, 102, 126, 136, 137, 139, 141, 152, 153, 154

합의체 23, 63, 70, 74, 76, 78, 83, 88,

91, 92, 94, 96, 97, 101, 102, 103, 104,
108, 111, 114, 142

항해　38, 45, 65, 76, 152

해역 도시　87, 90, 102, 125, 134, 136,
137, 139, 142

해협　20, 126, 130, 135

해협 통과 교역　130, 131

향신료　46, 51, 54

홀란드　130, 131, 139, 141, 142

홀란드인　130, 131, 139, 140

황제　22, 34, 56, 64, 125, 138, 144,
145, 150, 151, 153

회원　16, 17, 25, 89, 104, 106, 111,
115, 128, 142, 146, 152, 153

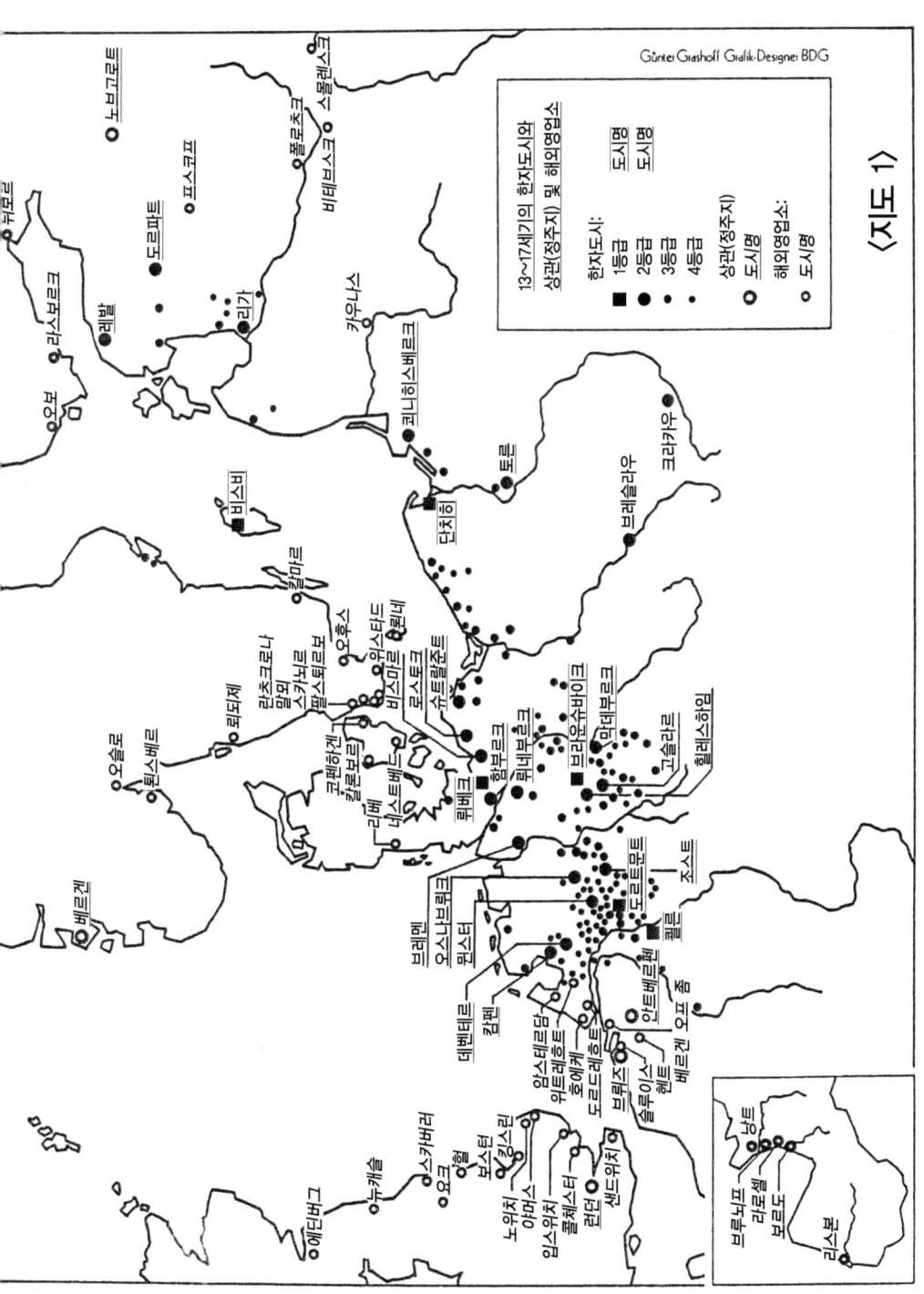

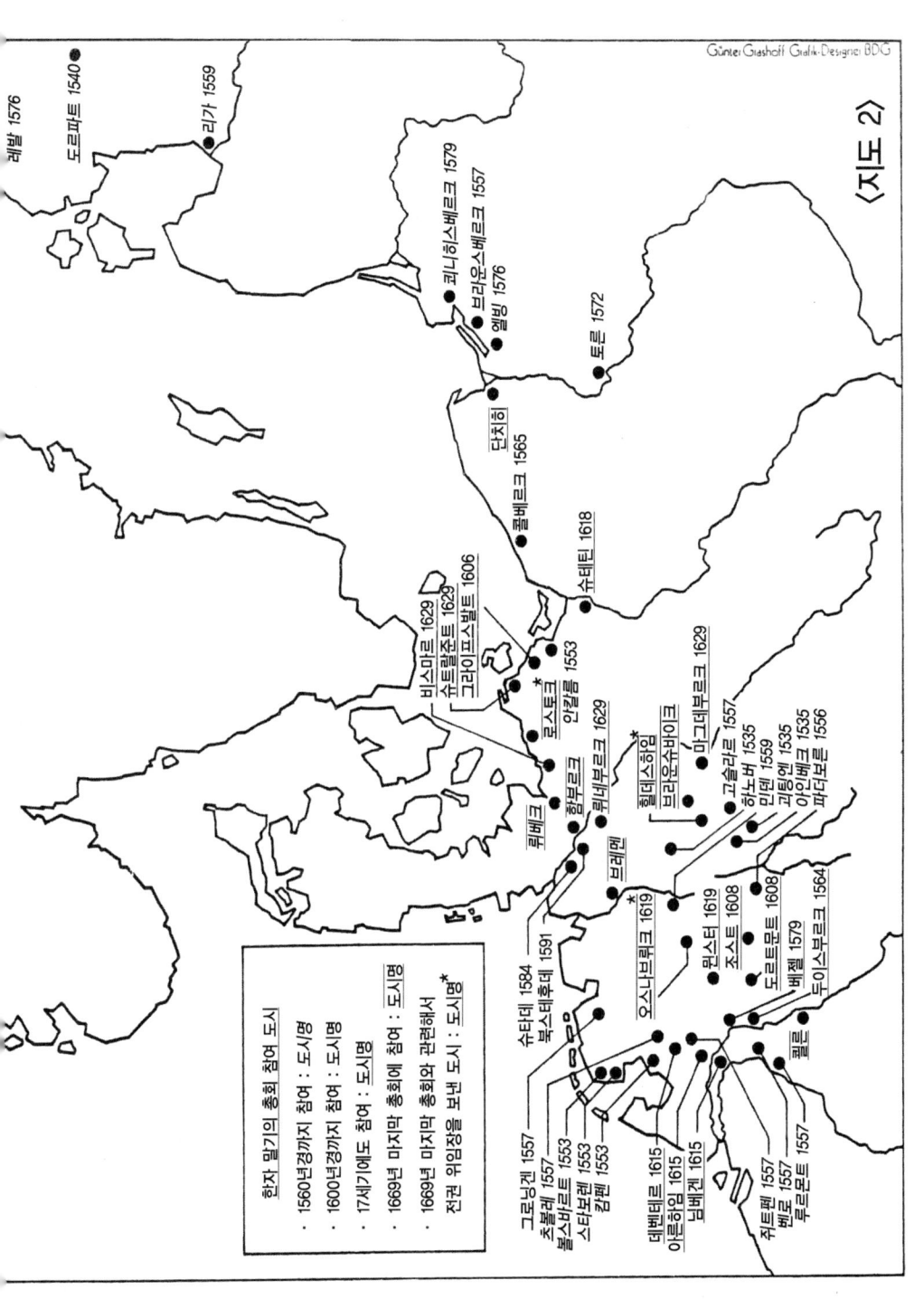